THEATERSPORT

Offizieller Leitfaden zu Ke th Johnstones *Theatresports™*

Anmerkungen zur Übersetzung

An einzelnen Stellen weicht die Übersetzung geringfügig von der englischen Vorlage ab. Alle Modifikationen wurden in enger Rücksprache mit dem *International Theatresports™ Institute (ITI)* vorgenommen. Anmerkungen zur Übersetzung haben wir im Text durch eckige Klammern kenntlich gemacht.

Das deutsche Buch *Theaterspiele* erschien vor dem prinzipiell gleichen englischen Titel *Impro for Storytellers,* weicht aber von diesem stellenweise deutlich ab. Die englische Originalfassung dieses Leitfadens zitiert aus *Impro for Storytellers* und wir haben die jeweiligen Passagen entsprechend übersetzt. Damit deutschsprachige Leser*innen auch in *Theaterspiele* nachschlagen können, geben wir hinter unseren Übersetzungen auch hierfür die entsprechenden Seitenzahlen an. Allerdings sind manche Passagen dort anders formuliert und manche Sätze aus der englischen Fassung kommen gar nicht vor. (Dafür gibt es in *Theaterspiele* Stellen, die in *Impro for Storytellers* nicht zu finden sind, weshalb es für Enthusiast*innen durchaus interessant sein kann, in beiden Büchern nachzulesen.)

Haben sich im Improjargon andere Bezeichnungen für Improspiele herausgebildet, als in *Theaterspiele* verwendet, haben wir beide Namen aufgeführt.

Bei der Übersetzung haben wir uns um eine geschlechtersensible Sprache bemüht. Bei Personenbezeichnungen im Plural verwenden wir das Sternchen, um Männer, Frauen und Diverse einzuschließen. Um eine bessere Lesbarkeit zu erreichen, verwenden wir für Personenbezeichnungen im Singular nur eine Form. Wir haben uns hierbei – da bislang im Deutschen eher ein generisches Maskulinum verwendet wurde – für die weibliche Form entschieden (Spielerin/Richterin/Kommentatorin etc.). In zusammengesetzten Wörtern verwenden wir die männliche Form (z.B. Anfängergruppen). Auch halten wir an Bezeichnungen für Übungen, die in Keith Johnstones Büchern geprägt wurden, fest (z.B. Herr und Diener). Es gibt in diesem *Theatersport*-Leitfaden keinerlei geschlechterspezifische Unterscheidungsnotwendigkeit. Wir vertrauen darauf, dass beim Lesen der jeweiligen grammatischen Form alle Identifikationsformen mitgedacht werden.

Der Leitfaden beschreibt den original *Theatersport* (also *Theatresports™*), wie er von Keith Johnstone entwickelt wurde. Zur besseren Lesbarkeit verwenden wir aber im Text durchgängig den deutschen Begriff.

International Theatresports Institute

2017 vom International Theatresports™ Institute (ITI) publiziert

215 - 36 Avenue NE, Unit 6 I Calgary, AB I T2E 2L4 I CANADA

Copyright© 2017 ITI

Nun auch für Nicht-Mitglieder erhältlich.

Dieser Leitfaden ist kein Ersatz für Aufführungsrechte.
Wer keine Aufführungsrechte besitzt, aber *Theatresports™* aufführen möchte, sollte sich an das ITI wenden: admin@theatresports.org

Layout: Dagmar Bauer konzipiert & gestaltet, Stuttgart, Germany
Illustrationen von fotolia.com

Übersetzung und fachredaktionelle Bearbeitung:
Veit Güssow sowie Kati Schweitzer, Nadine Antler und Sebastian Volk. Dank an Lene Hug, Seraina Ruf und Simone Gruhl für Kommentare und Korrekturen.

Titelfoto:
Teatro A Molla – Bologna, Italien
Gianluca Zaniboni

Foto auf der nächsten Seite:
Loose Moose Theatre – Calgary, Kanada
Breanna Kennedy

※

Veit Güssow
Mitglied der künstlerischen Leitung Oper Halle

„Auf der Schauspielschule habe ich *Theatersport* (und Improvisationstheater) gehasst, weil man auf Knopfdruck kreativ sein muss", sagten mir Schauspieler*innen. „*Theatersport* fördert das Konkurrenzverhalten", sagten mir Lehrer*innen. Systematisches Feedback sollte man beim Improtheater vermeiden, da es die zukünftige Spielfreude hemmen würde, sagten mir Theaterpädagog*innen, und Improspieler*innen sagten mir, die Rettungshupe sei problematisch, weil sie die Spielenden bloßstelle.

All diese Vorurteile treffen zu, wenn *Theatersport* verkehrt praktiziert wird, was leider sehr häufig der Fall ist.

Dennoch bin ich aus Erfahrung überzeugt, dass bei allen angeführten Beispielen eigentlich das Gegenteil zutrifft, wenn die (zu erlernende) Haltung der Beteiligten stimmt. Wieso dies der Fall ist und auf welche Weise sich auch weitere Sackgassen vermeiden lassen, erläutert der vorliegende Leitfaden. Er macht Lust, *Theatersport* als Theatervorstellung und nicht als wettkämpferisch organisierte Aneinanderreihung von Theaterspielen zu begreifen.

Ich bin zuversichtlich, dass er schnell dabei helfen kann, ein besseres Verständnis für *Theatersport* – seine Stärken und Fallstricke – zu fördern und Lust macht, in Keith Johnstones Büchern weiterzulesen. Viele der hier erörterten Gedanken sind für die Praxis aller darstellenden Künste (und darüber hinaus) äußerst wertvoll. Man sollte sich niemals vornehmen, sein Bestes zu geben!; zu lange Vorworte schreiben --- // [Abbruch wegen "Tratschen", Vgl. S. 25]

***

Nadine Antler
Steife Brise (Hamburg)

Als jemand, die mit der deutschen Version des Impromatches aufgewachsen ist, war meine Begegnung mit Keith Johnstones *Theatersport* eine wunderbare Entdeckung. Das Format ist bis ins Kleinste durchdacht, kunstvoll gefügt – eine konstante Herausforderung – und gleichzeitig wohl das am meisten unterschätzte Format der (deutschen) Improlandschaft. Für einen gelungenen *Theatersport*-Abend, muss jede*r Beteiligte nicht nur das Gesamt-System verstehen und die eigene Rolle perfekt beherrschen, sondern auch das eigene Ego in Schach halten. Und das ist keine Kleinigkeit.

Im *Theatersport* steckt für mich komprimiert die gesamte Philosophie Keith Johnstones. Egal in welcher Rolle, ob als Richter*in, Kommentator*in, Spieler*in, an der Musik oder am Licht, immer geht es um Ehrlichkeit, Spielfreude, Vielfalt, echtes Zusammenspiel und natürlich um das frohgemute Scheitern!

Dieser Leitfaden ist nicht nur eine wunderbare Heranführung und ein nützlicher Begleiter für alle, die sich auf die Reise zum *Theatersport* machen. Er hilft dabei, Improvisationstheater besser zu verstehen, und ist damit für mich Impuls- und Strukturgeber für viele andere Formate. Viel Spaß beim Ausprobieren und beim Scheitern!

***

Norbert Deeg
Der Kaktus (Würzburg), Der Fuchs (Frankfurt), FGKH (Wiesbaden)

Ich frage mich, warum ausgerechnet ich etwas über *Theatersport* schreiben sollte. Immer wieder scheitere ich selbst an diesem Format, finde nicht den richtigen Ton oder die Einstellung, fühle mich unwohl mit der Konkurrenz auf der Bühne, die Backstage bestritten wird, in der Show aber doch da ist.

Beim Lesen dieses Leitfadens wird mir allerdings bewusst, wie selten ich *Theatersport* auf die hier vorgeschlagene Weise spiele. Mit der von Keith geforderten gegenseitigen Unterstützung, dem Teamgeist, dem Gefühl für Dramaturgie und dem gemeinsamen Ziel aller Beteiligten, eine gute Show zu zeigen!

Theatersport ist zwar ein sehr oft gespieltes Format auf Improbühnen, aber fast genauso oft – denke ich – ein noch nicht wirklich verstandenes. Verstanden in Keiths Sinn. Natürlich sollte man über das Konzept diskutieren. Gerne sogar. Mir aber gefällt Keiths Art, an die Show heranzugehen. Der ausgeklügelte Aufbau und die Rollenverteilung entlasten mich als Spieler, Richter oder Moderator von *Theatersport*-Shows. Und helfen mir, zu meiner Kreativität zu finden und nicht bloß mein „Bestes" zu tun.

Ich bin daher froh, dass dieser Leitfaden nun verfügbar ist. Der Zugang zur Ursprungsidee von *Theatersport* wird damit so viel leichter. Und damit der Weg zu einer richtig guten Show.

***

Simone Schwegler
Theater anundpfirsich (Zürich)

Es war ein *Theatersport*-Match, damals vor über einem Jahrzehnt, welches mich Hals über Kopf ins Improtheater verlieben ließ.

Im Nachhinein realisiere ich, dass es wohl eher die Spontaneität und Improvisation an sich waren. Denn *Theatersport* wurde im ‚deutschen System' gespielt, war kompetitiv, nicht wahnsinnig facettenreich, repetitiv und sehr gameorientiert. Nach einigen Jahren (damals wurde fast ausschließlich *Theatersport* gespielt) fragte ich mich, ob dahinter nicht doch mehr steckt…

Die vertiefte Auseinandersetzung mit Keith Johnstones Philosophie sowie Sinn und Zweck seiner Formate und ein halbes Jahr am *Loose Moose* haben mich definitiv zu einer besseren, vielseitigeren und selbstloseren Improspielerin gemacht. Es macht Spass und ist sehr bereichernd, in die Tiefe zu schauen, zu erkennen, was die Absicht hinter Regeln, Funktionen, Rollen oder Abläufen ist, denn es ist zugleich immer wieder eine neue Herausforderung.

Genau das bieten *Theatersport* und dieses Handbuch: Die Auseinandersetzung mit einem Format sowie einer dahinterstehenden spannenden Philosophie, wovon ich persönlich vor allem in folgenden Bereichen viel profitiert habe: Mut zum Risiko, Freude am Scheitern, weniger Ego und mehr Teamplay, den Partner gut aussehen lassen und Verantwortung für die Show übernehmen.

Ich kann nur jedem von Herzen empfehlen, sich an *Theatersport* zu wagen. Mögen die Spiele beginnen!

Gunter Lösel
Stupid Lovers (Zürich/Karlsruhe),
Zürcher Hochschule der Künste

Keith Johnstone ist möglicherweise der größte Einfluss in meinem Leben, gleich nach meinen Eltern. Immer wieder entdecke ich, dass man seine Formate und Übungen eigentlich nicht verbessern kann. Wenn man an einer Schraube dreht, verändert sich das ganze System – meist zum Schlechteren.

Es ist mir unbegreiflich, wie er zu so einer Klarheit kommen konnte. Offenbar hat er schon immer verstanden, dass die Befreiung der Spontaneität nicht eine individuelle Sache ist, sondern davon abhängt, eine entsprechende Umgebung herzustellen. Jeder Spielende muss daher einen großen Teil seiner Aufmerksamkeit dazu verwenden, für seine Mitspieler zu einer inspirierenden Umgebung zu werden und diese Umgebung in Bewegung zu halten. Mit seinen Formaten hat Keith präzise Anordnungen geschaffen, die solche Umgebungen nicht nur für die Spielenden, sondern auch für die Zuschauenden entstehen lassen. Solche Systeme sind ausbalanciert, prekär, stets gefährdet – und daher schützenswert.

Dieses Buch ist ein starker Beitrag für den Schutz der „Johnstone-Systeme" vor Kommerzialisierung und Verschlimmbesserung.

***

EINFÜHRUNG

Wir hoffen, dass euch dieser Leitfaden als Informations- und Inspirationsquelle für eure *Theatersport*-Praxis nützlich ist.

Unser Ziel ist, dass er Anfängergruppen als Einstiegshilfe dient, dass er Gruppen, die sich fragen, ob sie auf dem richtigen Weg sind, Orientierung bietet und Gruppen, die schon lange dabei sind, hilft, ihre Ausrichtung und Entwicklung zu überprüfen.

Er bietet Informationen zur Geschichte des *Theatersports*, zu den benötigten Spieltechniken, Fähigkeiten und auch zur Grundhaltung der Spieler*innen sowie zur Theorie seiner Konzeption. Des Weiteren werden praxisbezogene Informationen zur Struktur von *Theatersport*, seinen einzelnen Spielelementen und deren Anwendung in den Matches gegeben. Begleitend findet ihr im ganzen Buch Zitate von Keith Johnstone als Inspiration für konstruktive Diskussionen in euren Gruppen sowie interessante Anmerkungen und Kritikpunkte, die er zu *Theatersport*-Aufführungen geäußert hat und die helfen sollen, *Theatersport* erfolgreich und mit Spaß zu spielen.

Der Großteil der Inhalte kommt direkt von Keith Johnstone, aus seinem Unterricht und seinen Workshops, Newslettern, seinen Büchern *Theaterspiele* (engl. *Impro for Storytellers*) und *Improvisation und Theater* (engl. *Impro*) sowie durch zahllose Gespräche mit ihm. Zusätzliche Inhalte und Kommentare wurden von Improspieler*innen und -lehrer*innen beigesteuert, die seit Jahrzehnten *Theatersport* spielen und mit Keith in den letzten 40 Jahren intensiv zusammengearbeitet haben. Einige von ihnen sind – oder waren – Mitglieder des Vorstands des *International Theatresports™-Institute (ITI)*.

Vancouver Theatresports – Kanada (ca. 1982)

Der Leitfaden gibt grundlegende Einblicke in die Kunst der Improvisation, ist dabei jedoch in erster Linie auf *Theatersport* fokussiert. Wir ermutigen alle Spieler*innen, ihr Können durch Workshops mit erfahrenen Lehrer*innen für Improvisationstheater auszubauen sowie verschiedene Quellen zu nutzen, wie z.B. von Keith Johnstone:

Bücher

Improvisation und Theater
(in vielen Sprachen erhältlich)
Theaterspiele
keithjohnstone.com/writing/
impro.global/resources/publications

DVDs

Impro Transformations
Trance Masks
keithjohnstone.com/video/
impro.global/resources/publications

Workshops

Keith Johnstones Impro-Intensivkurse
keithjohnstone.com

Das *Loose Moose Theatre* in Calgary bietet jährlich eine internationale Sommerschule an: International Summer School – www.loosemoose.com

Liste offizieller *ITI*-Trainer*innen
impro.global/resources/directors
impro.global/resources/instructors

ITI-Mitglieds-Gruppen
(manche davon mit Trainingsprogrammen)
impro.global/membership/members

Wir wünschen euch eine wunderbare Reise durch die Welt des *Theatersports* und dass ihr dabei die großartigen Möglichkeiten dieses Formats entdeckt sowie viel Spaß und Inspiration auf dem Weg, den bereits viele Tausende auf der ganzen Welt seit 1977 beschritten haben.

***ITI* – Inspire The Improviser!**

Istanbul Theatresports – Istanbul, Turkei
Taner Uçar

KEITH JOHNSTONE

Steve Jarand

Keith Johnstone wurde 1933 in Devon, England geboren. Als Heranwachsender hasste er die Schule, die seines Erachtens die Vorstellungskraft abstumpfen ließ.

Sein Angriffsplan gegen die Unterdrückung von Spontaneität und kreativem Denken beinhaltete, sich am College als Lehramtsstudent einzuschreiben – nachdem ihm der Zugang zur Universität verweigert worden war.

An der *Battersea Comprehensive School* [ähnelt entfernt einer Gesamt- und Förderschule] hatte Keith mit seinen Fördermethoden unbestreitbare Erfolge bei Sonderklassen mit Schüler*innen, die als „durchschnittlich" oder „nicht erziehbar" eingestuft worden waren.
Der Bereichsleiter für diese Schule war der Auffassung, Keith sei „nicht der richtige Typ", um eine Lehramtslaufbahn zu beginnen. Er setzte sich aktiv dafür ein, Keith'

Anstellung zu beenden. Doch glücklicherweise war der Prüfer, der bei einer Routinebegutachtung durch die Bildungsbehörde Keiths Unterricht beisaß, von dessen Methoden und Ergebnissen schwer beeindruckt. Er erreichte, dass dem Bereichsleiter strikte Anweisung gegeben wurde, Keith die Freiheit zu geben, seine eigene Pädagogik weiterzuentwickeln.

Das *Royal Court Theatre* beauftragte ihn 1956, ein Stück zu schreiben. Daraufhin arbeitete er dort bis 1966 als inoffizieller Leiter der Lektoratsabteilung, als Regisseur und Schauspiellehrer und schließlich als stellvertretender Direktor. In seinen Kursen begann er, die Auswirkung des Schulsystems auf die Vorstellungsfähigkeit kritisch zu hinterfragen.

In seinem Buch *Impro* [dt. *Improvisation und Theater*] schreibt Keith: „Als ich zu unterrichten anfing, war es für mich selbstverständlich, alles, was meine eigenen Lehrer*innen getan hatten, ins Gegenteil zu verkehren. Ich brachte meine Schauspieler*innen dazu, Grimassen zu schneiden, sich gegenseitig zu beleidigen, erst zu handeln, dann zu denken, zu kreischen und zu schreien und überhaupt, sich auf alle möglichen Arten und Weisen danebenzubenehmen."

Zu dieser Zeit entwickelte Keith eine Reihe von Improvisationsübungen, um Autor*innen von Theaterstücken dabei zu unterstützen, Schreibblockaden zu überwinden und Schauspieler*innen zu helfen, spontaner zu agieren. In den 1960er Jahren gründete er *The Theatre Machine*, ein Improvisationstheater-Ensemble, das durch Europa und Nordamerika tourte und von der kanadischen Regierung eingeladen wurde, bei der Expo 67 aufzutreten. Keith begann in den frühen 1970er Jahren an der University of Calgary, Kanada, zu unterrichten und gründete 1977 in Calgary die *Loose Moose Theatre Company*.

Im Laufe der Jahre entwickelte Keith die weltweit anerkannten Improvisationsformate *Gorilla Theatre*™, *Maestro Impro*™, *Life Game* und *Theatresports*™, die seit Ende der 1970er Jahre in über 60 Ländern gespielt werden.

Keith Johnstone

Macht Fehler und bleibt gut gelaunt dabei.

Zeichnungen von Keith Johnstone

Beim Improvisieren geht es nicht darum, dass alles auf der Bühne gelingt, sondern vielmehr darum, bereit zu sein, auf der Suche nach einem besonderen Zauber große Risiken einzugehen.

Die Grundlagen von *Theatersport* sind zu einem Kernstück des zeitgenössischen Improtheaters geworden. Sie sind fester Bestandteil der Lehrpläne von bedeutenden Schauspielschulen weltweit und inspirierten Comedy-Shows sowie Fernsehsendungen wie *Whose Line Is It Anyway?* (UK, USA), [Frei Schnauze und Durchgedreht! (DE)], *De Llamas* (NL) und *Improv Heaven and Hell* (CAN), um nur einige zu nennen. Er ist emeritierter Professor der University of Calgary und Autor zahlreicher Essays und Artikel sowie von Theaterstücken (darunter einige für Kinder), die in Europa, Nordamerika, Afrika und Südamerika aufgeführt wurden.

Am bekanntesten ist Keith für seine Bücher *Impro* [dt. *Improvisation und Theater*] und *Impro for Storytellers* [dt. *Theaterspiele*], die heute als Standardwerke für Improvisationstheater gelten, in viele Sprachen übersetzt wurden und die von all seinen Arbeiten – auch außerhalb der Theaterszene und kulturübergreifend – mit Abstand am meisten rezipiert werden. (Vor kurzem wurde festgestellt, dass sich seine Bücher in Deutschland besser verkaufen als die von Stanislawski).

An der Stanford University werden die *Keith Johnstone Papers* aufbewahrt: Originalschriften von Theaterstücken, Schriftwechsel, Theatermaterialien, Notizbücher, Kunstwerke und mehr. Höhepunkte der Sammlung sind frühe Entwürfe von Kapiteln aus *Impro* und *Impro for Storytellers* und Originale aus Keiths Briefverkehr (darunter Briefe an Keith von Del Close, Peter Coyote, Samuel Beckett, Harold Pinter, Anthony Stirling, Kolleg*innen des Royal Court, Mitglieder der *Theatre Machine*, u.w.m.).

Gebt nicht euer Bestes. Lasst die Anderen gut aussehen. Dann seht auch ihr gut aus.

INFORMATIONSQUELLEN

Biographische Informationen
Keith Johnstone -
A Critical Biography von Theresa Robbins Dudeck
Die *Keith Johnstone Papers*
Bei Fragen zu den *Keith Johnstone Papers* sowie zu seinen eigenen schriftstellerischen Werken könnt ihr Theresa Robbins Dudeck (Literary Executor of KJ) kontaktieren.
trdudeck@gmail.com
theresarobbinsdudeck.com

Es heißt SPIELEN. Es heißt SchauSPIEL. Du bist eine SchauSPIELERIN. Denk daran.

DAS *INTERNATIONAL THEATRESPORTS™ INSTITUTE (ITI)*

Das *International Theatresports™ Institute (ITI)* wurde 1998 für die wachsende an Keith Johnstones Arbeit interessierte Improvisationstheater-Community ins Leben gerufen. Keith Johnstone hat dieser Organisation das Vermächtnis des Formats *Theatresports™* anvertraut. Die *ITI*-Community ist eine Mitgliedervereinigung von Gruppen und Einzelpersonen, die die gemeinsame Leidenschaft für die Arbeit von Keith Johnstone eint. Gruppen, die Johnstones *Theatresports™*, *Maestro Impro™* und *Gorilla Theatre™* aufführen, beantragen hier kostengünstig gestaltete Aufführungsrechte. Schulen müssen aus urheberrechtlichen Gründen ebenfalls Aufführungsrechte innehaben, aber für sie fallen keine Gebühren an.

Die Mitglieder dieser globalen Gemeinschaft profitieren von der kontinuierlichen Weiterentwicklung von Keith Johnstones Arbeit, dem Austausch darüber sowie von dem gemeinsamen Netzwerk. (Besucht zum Beispiel eine Improgruppe in Würzburg oder Calgary und lasst sie wissen, dass ihr ein *ITI*-Mitglied aus Istanbul oder Taipeh seid und ihr werdet herzlich empfangen und wahrscheinlich sogar eingeladen, mit aufzutreten.)

Die Einnahmen aus Lizenzgebühren ermöglichen die Finanzierung von Trainings und andere Aktivitäten zum Nutzen der Mitglieder sowie die Verwaltung des *ITI*. Zu den Mitgliedschaftsvorteilen gehört auch die Möglichkeit zur ermäßigten Teilnahme an internationalen Treffen und Seminaren im Rahmen der alle zwei Jahre stattfindenden *ITI*-Konferenz, die an verschiedenen Orten auf der ganzen Welt abgehalten wird.

Keith Johnstone lehnt es bis heute ab, an den *Theatersport*-Lizenzeinnahmen Geld zu verdienen, so dass diese für Vorhaben zugunsten der Community direkt an die Mitglieder zurückgeführt werden können.

Das *ITI* ist dazu da, euch zu unterstützen und Ansprechpartner für eure Fragen bezüglich Keiths Arbeit u.a. zu Improvisationstechniken, einzelnen Spielen und dem Format *Theatersport* zu sein. Gerne könnt ihr euch jederzeit an uns wenden:
admin@theatresports.org

Theatersport ermöglichte erstmalig einen internationalen Austausch im Bereich des Improvisationstheaters. Gruppen aus der ganzen Welt kommunizierten zum ersten Mal miteinander, indem sie die gemeinsame Sprache des *Theatersports* nutzten.
Randy Dixon – Unexpected Productions, Seattle, USA

Steife Brise – Hamburg, Deutschland
Jörg Boeh

THEATERSPORT-HINTERGRUND

*T*heatersport ist eine auf Improvisation beruhende Theaterform, die von Keith Johnstone entwickelt wurde. Sie unterhält und inspiriert die Akteure und das Publikum. Oberflächlich betrachtet handelt es sich um einen als Mannschaftssport inszenierten „Theaterwettkampf". Vergleichbar dem professionellen Wrestling, basiert der Wettkampfcharakter auf einer Fiktion. Den Zuschauer*innen gegenüber erwecken die Kontrahent*innen den Eindruck, als ginge es ihnen ums Gewinnen. Ihr eigentliches Anliegen ist es jedoch, dynamisches, interessantes Theater zu machen und dafür Spontaneität, Storytelling und produktives Zusammenspiel einzusetzen. *Theatersport* ist in der Lage, bei den Zuschauer*innen Lachen, Weinen und Gebrüll wie bei Sportwettkämpfen auszulösen und zum Nachdenken anzuregen, während er gleichzeitig fesselt und unterhält.

Improguise – Kapstadt, Südafrika
Candice von Litzenberg

URPSRÜNGE DES *THEATERSPORTS*

Loose Moose Theatre
Calgary, Kanada
(ca. 1981)
Deborah Iozzi

Loose Moose Thea[...]
Calgary, Kanada
(ca. 1981)
Deborah Iozzi

Keith Johnstone – *Impro for Storytellers*, S. 1f. (*Theaterspiele*, S. 25f.)

Theatersport wurde durch professionelles Wrestling inspiriert. Dort fanden die Kämpfe in Kinos vor der Leinwand statt und die qualverzerrten Gesichtsausdrücke wurden extra zum Publikum hin gespielt. Niemand, der mit Theater zu tun hat, hätte das für echt halten können. Wrestling war das einzige Beispiel für Arbeitertheater, das ich je gesehen hatte. Die Ekstase der Zuschauer*innen war etwas, wonach ich mich sehnte, am „normalen" Theater aber nicht erlebte.
Wir malten uns aus, die Wrestler durch Improvisationsspieler*innen zu ersetzen; ein „unmöglicher Traum", da jedes Wort und jede Geste auf den öffentlichen Bühnen vorab vom Lord Chamberlain [eigentlich eine Gruppe ehemaliger Offiziere] genehmigt werden musste. Es war beschämend, dass russische Gäste uns bemitleideten, weil wir so wenig Freiheit hatten.
Ich gab Comedy-Kurse vor öffentlichem Publikum und das Lord Chamberlain drückte ein Auge zu (man wollte einem Lehrer nicht verbieten, in der Öffentlichkeit zu unterrichten). Aber *Theatersport* – ein Wettkampf zwischen zwei Improvisationsteams – ließ sich beim besten Willen nicht als „pädagogische Bildungsveranstaltung" darstellen. So blieb *Theatersport* nur eine Möglichkeit, meine Improkurse lebendiger zu gestalten, bis ich nach Kanada zog.

DIE EXPLOSIONSARTIGE VERBREITUNG VON *THEATERSPORT* WELTWEIT

Keith erkundete die Grundlagen von *Theatersport* in seinem Unterricht am *Royal Court Theatre* in den späten 50er Jahren und in den 60ern konnte er die Ideen mit seiner Gruppe *The Theatre Machine* vor Publikum in ganz Europa ausprobieren. *Theatersport*, wie wir ihn heute kennen, wurde 1977 von einer Gruppe Studierender, aus welcher später die *Loose Moose Theatre Company* im kanadischen Calgary hervorging, erstmals öffentlich gezeigt. Die Aufführungen wurden schnell zum Geheimtipp! Das Publikum konnte nicht glauben, was es sah. Angstfreie Spieler*innen gingen enorme Risiken ein und kreierten aus dem Nichts eine komplette Vorstellung. Im Theater herrschte eine spannungsgeladene Atmosphäre und die Shows waren ausverkauft. Schnell war *Theatersport* in aller Munde und überall wurden weitere Gruppen gegründet. Durch Keiths guten Ruf und seine internationale Lehrtätigkeit wurde die Verbreitung des Formats weiter befördert und schon bald wurde das *Loose Moose Theatre* von zahlreichen internationalen Gästen besucht, die von Keith lernen und mehr über *Theatersport* erfahren wollten. Viele dieser Besucher*innen brachten *Theatersport* mit in ihre Länder und so schritt die weltweite Verbreitung explosionsartig voran.

Im Zuge der schlagartigen, begeistert vorangetriebenen Ausbreitung kam es auch zu Veränderungen des Formats.

Wenn *Theatersport* von Menschen gespielt wird, die nur wenig oder gar keinen Kontakt mit mir hatten, dann sieht man wahrscheinlich eine Kopie der Kopie von einer Kopie – und dabei wurde er jedes Mal „sicherer" gemacht und damit auch alberner und oberflächlicher.

Da die Wissensvermittlung vorwiegend mündlich stattfand, wurden diese Änderungen teilweise aufgrund von Missverständnissen oder auch schlichtweg aus Informationsmangel vorgenommen. Da Keith mit seiner Arbeit Neuland betreten hatte, ist es durchaus verständlich, dass versucht wurde, manche Aspekte zu „vereinfachen". Im Resultat dienen viele dieser Eingriffe jedoch lediglich dazu, das Risiko des Scheiterns zu reduzieren, welches gerade eine Schlüsselkomponente von Keiths Arbeit darstellt. Indem das Risiko eliminiert wird, verändert sich die kreative Kraft des Formats entscheidend.

Häufige Änderungen sind zum Beispiel:
· Anstatt aus freien, improvisierten Szenen besteht der Hauptteil einer Aufführung aus sogenannten Games.
· Der Fokus wird verstärkt auf das Wettkampfgeschehen gelegt, Theaterspiel und das Erzählen von Geschichten treten in den Hintergrund.
· Die Rettungshupe wird weggelassen.
· Die Richter*innen werden zum Unterhaltungselement gemacht, indem sie alberne Kostüme tragen oder die Richter*innen als Rollen gespielt werden.

Im Angesicht des Scheiterns persönliches Risiko einzugehen, mit Mitteln des Theaters Geschichten zu erzählen und sich gegenseitig beim Spielen zu unterstützen sind grundlegende Bestandteile von *Theatersport* und von Keith Johnstones Arbeit im Allgemeinen.

Gruppen, die abgewandelte Formen von *Theatersport* aufführen, sind sich möglicherweise gar nicht bewusst, dass dadurch auch der Charakter der szenischen Improvisationen verändert und das Format letztendlich verschlechtert wird. Da es oft nicht einfach ist, zum Erlernen des Formats geeignete Informationsquellen zu finden, ist das durchaus nachvollziehbar. Antworten auf Schlüsselfragen wie „Warum?" und „Wie?" waren den Gruppen, die Änderungen gemacht haben, wahrscheinlich nicht zugänglich.

Dieser Leitfaden möchte helfen, Antworten auf diese Fragen zu geben und dabei das dem *Theatersport* zu Grunde liegende Konzept verständlich machen. Wir hoffen, dass seine Inhalte euch und eure Gruppen dazu ermutigen, unabhängig von eurer derzeitigen Erfahrung, die ursprüngliche Art mit ihrem besonderen kreativen Potential zu erkunden.

Impro war verboten?! Kaum zu glauben, aber wahr!
Bis 1968 unterlag Theater in Großbritannien der Zensur.
Die öffentliche Aufführung improvisierter Theaterformen war verboten, da es keinen Stücktext gab, der vorher hätte zensiert werden können.
Es gibt immer noch Improgruppen, die mit staatlicher Zensur umgehen müssen.

*Ich starte immer mit pantomimischem Tauziehen oder dem „Kein- S-Spiel", wenn ich Formate mit Wettkampfcharakter unterrichte. Wenn der inszenierte Konflikt auf der Bühne ausgestellt wird, verringert dies das tatsächliche Konfliktpotential zwischen den Improspieler*innen.*
Jeff Gladstone – Vancouver Theatresports, Kanada

Der original *Theatersport* kann lustiger und manchmal auch gehaltvoller sein als die kopierten Versionen. Entscheidend ist, dass innere und äußere Dramatik entsteht, v.a. durch Storytelling. Das Erzählen von Geschichten, eine positive, offene Haltung auf der Bühne und das Erschaffen von Szenen, in denen es um etwas geht und in denen Standpunkte vertreten werden, erfordert besondere Fertigkeiten. Auf die Bühne zu gehen und Spiele zu spielen, die auf Publikumszurufen beruhen, ist keine große Leistung und ist am Ende weniger befriedigend – sowohl für die Darsteller*innen wie auch für das Publikum.

Wusstet ihr …

Durch die explosionsartige Verbreitung wurde in vielen Städten die Bezeichnung *Theatersport* bekannt, bevor die Leute überhaupt das Wort „Improvisation" gehört hatten. In einigen Gegenden der Welt wird das Wort „*Theatersport*" immer noch gleichbedeutend mit „Improvisationstheater" verwendet. Aber nicht jede Improvisation ist *Theatersport*. Improvisation ist die Fähigkeit, die gebraucht wird, um das Aufführungsformatformat *Theatersport* zu spielen.

Eine Geschichte aus Australien

Als wir mit *Theatersport* begannen, brachte uns das Improtraining weiter, die Aufführungen funktionierten jedoch nicht. Sie scheiterten daran, dass wir dem menschlichen Wettkampfdrang nachgaben, anstatt als ein Ensemble gemeinsam an der bestmöglichen Show zu arbeiten. Das Konzept, dass die Richter*innen als „Sündenböcke" den Druck von den Spieler*innen nehmen und dadurch ein wichtiger, unterstützender Teil des Ensembles sind, existierte nicht und wir hatten noch Moderator*innen, die fast die Hälfte der Vorstellungszeit verbrauchten, um die Teams und Szenen anzukündigen.

Nachdem sich der anfängliche Hype legte, wurde unser Publikum zunehmend desinteressierter. Die Zuschauerzahlen nahmen ab und uns war klar, dass unser Ensemble etwas ändern musste.

Schließlich erhielten wir ein fachkundiges Training, mit dem es gelang, die Kluft zwischen Theorie und Praxis zu überbrücken. Nach und nach verstanden wir, wie die Beziehung zum Publikum funktioniert und lernten Strategien, um Abwechslungsreichtum zu ermöglichen und Neues innerhalb der Shows zu entdecken.

Jetzt gab es in unseren Aufführungen Platz für den Nachwuchs sowie für „Veteranen", die gemeinsam in einem Format auftraten, das alle gut aussehen lässt ...und wir konnten in der gleichen Zeit doppelt so viele Szenen spielen. Unsere Spieler*innen schätzten es, nun viel mehr Spielzeit zu haben und unser Publikum verdoppelte sich – und es kam in jeder Spielzeit wieder. Klar, wir haben weiterhin uns unsere eigenen, lokalen Marotten. Aber jetzt haben wir festen Boden unter den Füßen.

Nick Byrne – Impro ACT, Canberra

Rapid Fire Theatre – Edmonton, Kanada
 *Marc Julien Objois*

*Loose Moose Theatre
Calgary, Kanada*
Kate Ware

WAS *THEATERSPORT* ERREICHEN KANN

Keith Johnstone – *Impro for Storytellers*, S. 24 (vgl. *Theaterspiele*, S.32)

Theatersport kann:

· die universelle Angst, „angestarrt zu werden", verringern

· „stumpfe" in „brillante" Menschen verwandeln (d.h. aus negativen Menschen positive Menschen machen)

· zwischenmenschliche Fähigkeiten verbessern und dazu anregen, sich für den Rest des Lebens mit menschlicher Interaktion zu beschäftigen

· die „Funktionsfähigkeit" in allen Bereichen verbessern (wie es so schön auf Schlangenölfläschchen heißt)

· die Fähigkeit entwickeln, Geschichten zu erzählen (und die ist weitaus wichtiger, als die meisten Menschen glauben)

· ermöglichen, sowohl mit den fundamentalen Grundlagen von Theater, als auch mit seinen äußeren Erscheinungsformen vertraut zu werden

· die Bühne den Schauspieler*innen zurückgeben

· es dem Publikum ermöglichen, direkten Input zu geben oder sogar selbst mitzumachen, anstatt dazusitzen und darüber nachzudenken, was man Intelligentes später auf dem Heimweg sagen könnte.

Im Laufe der Jahrzehnte sind *Theatersport* und die damit verbundenen Improvisationstechniken zu nützlichen Werkzeugen für die Ausbildung von Schauspieler*innen und auch für das Training von theaterfernen Menschen geworden, etwa in den Bereichen soziale Interaktion, Gruppendynamik, kreatives Denken, öffentliches Sprechen und Führungskompetenz. Sie fördern Selbstvertrauen und trainieren Fähigkeiten im Schreiben/Geschichtenerzählen und in der Kommunikation. Sie stärken die Zusammenarbeit und das Teambuilding und lehren die Notwendigkeit, Fehler und Misserfolge als gesunden Bestandteil eines Lernprozesses zu akzeptieren. So reduzieren sie die Angst, die mit dem Eingehen von Risiken verbunden ist, und geben den Menschen dadurch mehr Freiheit beim Ausprobieren und Erforschen. Schauspieler*innen trainieren, ihre Instinkte zu nutzen, Autoritäten in Frage zu stellen, Entscheidungen zu treffen, emotional zu reagieren sowie zuerst zu handeln und ihr Handeln im Nachhinein zu rechtfertigen.

Lasst euer Ego zuhause.
Shawn Kinley
Loose Moose Theatre
Calgary, Kanada

THEATERSPORT-INHALTE

Eine weitverbreitete – und nachvollziehbare – Fehlinterpretation von *Theatersport* ist, dass sich die Show hauptsächlich auf Improspiele (Games) konzentriert. Tatsächlich kann eine *Theatersport*-Show wunderbar mit wenigen oder ganz ohne Games auskommen. Improvisationstheater wird oft mit Hilfe von Spielen unterrichtet, weshalb der Gedanke naheliegt, dass es in *Theatersport*-Aufführungen hauptsächlich darum gehen würde, sie zu zeigen.

Eigentlich besteht eine *Theatersport*-Aufführung aber aus improvisiertem Theater und dem Erzählen von Geschichten. Die sportlichen Elemente dienen dazu, eine dynamische Atmosphäre für das Publikum zu erzeugen. Zur Abwechslung werden manchmal auch Spiele hinzugefügt, die aber nicht dazu gedacht sind, den Löwenanteil der Show zu auszumachen. Für Gruppen, die mit Keith gearbeitet haben oder von ihm beeinflusst sind, ist es völlig normal, in improvisierten Szenen andere theatrale Elemente wie Masken oder Puppen zu integrieren oder mit Mitteln wie Bewegung, Clownerie und aufrichtigen Gefühlen zu experimentieren oder Inhalte mit geschichtlichem, religiösem, gesellschaftlichem oder aktuellem Bezug zu zeigen. *Theatersport* schafft eine andere Form des Theaters.

Impro ist brandheiß und alle lieben es, jemanden beim Spiel mit dem Feuer zu beobachten.
Antonio Vulpio
Teatro a Molla, Bologna, Italien

WICHTIGE GRUNDLAGEN

Die lateinische Wurzel des Wortes improvisieren zeigt, dass es darum geht, in jedem Moment offen auf das Unvorhergesehene zu reagieren. In der Alltagssprache hat sich die Bedeutung stark in Richtung unvorbereitet handeln verschoben, was für das Theater am Kern der Sache vorbeigeht.
Veit Güssow

*T*heatersport wird zu einer noch reicheren Erfahrung, wenn ihr zunächst an euren Improvisationsfähigkeiten arbeitet und den richtigen Spirit für das Format entwickelt. Die Spieler*innen müssen lernen, gegenseitig die Ideen der Anderen zu akzeptieren und gemeinsam Geschichten zu erschaffen. Dieses Handwerk wird sowohl für freie Szenen wie auch für die Spiele benötigt; es ist die Grundlage der Arbeit. Es ist natürlich, auf bekanntem, sicherem Terrain bleiben zu wollen, weshalb viele Spieler*innen unheimlich gekonnt davor zurückscheuen, Geschichten voranzutreiben oder anderen Figuren/Spieler*innen die Kontrolle zu überlassen. Obwohl der Löwe auf der Bühne nur mimisch dargestellt wird, werden viele Improspieler*innen auf die Aufforderung „Steck deinen Kopf in sein Maul" antworten: „Du zuerst".

Sicher ist euer Wunsch stark, jetzt sofort aufzutreten. Wir möchten euch jedoch ermutigen, zuerst diesen Leitfaden bis zum Ende durchzugehen, euch mit Lehrer*innen des *ITI* in Verbindung zu setzen und auch Keith Johnstones Bücher und Texte aus erster Hand zu lesen. Das wird euch helfen, wirklich zu verstehen, wie die einzelnen Elemente von *Theatersport* und die darin enthaltenen Grundsätze zum Gelingen der Aufführung und zur Verbesserung der Spieltechnik beitragen und inwiefern sie unabdingbar sind.

DIE GRUNDHALTUNG: DER IMPRO-SPIRIT

Keith konzentriert sich auf eine bestimmte Ausrichtung von Improvisationstechnik und Improtheater-Aufführungen. Die Grundlage bildet eine bestimmte Haltung, ein Spirit, den es zu verstehen gilt.

Der Spirit entsteht durch:
· spielerische Leichtigkeit
· Unterstützung der Anderen und Wertschätzung ihrer Ideen
· Risikofreude und Mut
· Ehrlichkeit und Verletzlichkeit
· positive Einstellung
· Scheitern – lernen, würdevoll und gutgelaunt zu scheitern
· Teamwork
· Ungezogenheit/sich danebenbenehmen

Lasst uns die letzten drei etwas genauer unter die Lupe nehmen...

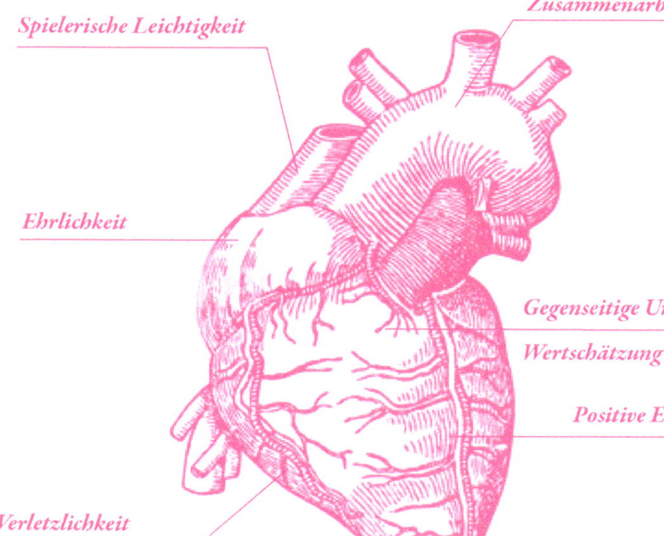

In unserer Gesellschaft gilt das Scheitern als etwas Verurteilenswertes, Stressbesetztes. Dennoch weiß man, dass wir gerade durch Scheitern lernen. Damit wir überhaupt Risiken eingehen können, müssen wir immer auch auf ein mögliches Scheitern vorbereitet sein. Um frei spielen zu können, müssen Improspieler*innen Lust am Scheitern und Freude am Risiko entwickeln. Dadurch entstehen ziemlich ungewöhnliche Geschöpfe, die sich dem Publikum zeigen: angstfreie, positiv eingestellte, unverdrossene Improspieler*innen, die durch Krokodilsümpfe voller Höllenflammen waten und mit leuchtenden Augen wieder auftauchen – unbesiegt von alldem, was einen normalen Menschen direkt unter die Erde befördern würde.

Keith Johnstone – *Theatresports™ and Lifegame* Newsletter – Ausgabe Nr. 1, 1989

Anfänger*innen sollte von Anfang an beigebracht werden, keine Sorgenfalten zu ziehen, nicht zu verkrampfen, nicht zu schwitzen, zu jammern und zu leiden, wenn sie scheitern. Niemand zahlt Geld dafür, etwas zu sehen, das es zuhause ohnehin gibt.
Das Scheitern sollte stattdessen als wesentlicher Bestandteil eines jeden Spiels und als Gelegenheit angesehen werden, um Großzügigkeit und Gutherzigkeit zu zeigen. Wenn ihr scheitert und dabei gut gelaunt bleibt, werden euch die Zuschauer*innen als liebenswert und charmant wahrnehmen. Dann wollen sie euch am liebsten knuddeln und euch Getränke spendieren. Entgleisen euch hingegen die Gesichtszüge und ihr seht beleidigt und wütend aus, wirkt ihr unangenehm, selbstverliebt, verwöhnt und unsportlich. Ich habe Wimbledonsieger*innen erlebt, mit denen ich mich nicht im selben Raum aufhalten möchte. Missmut und Niedertracht stören beim Tennis nicht, aber ein solches Verhalten ist für das Theater absolut schädlich, denn hier kommt es wirklich nicht darauf an, wer gewinnt, sondern dass das Publikum eine angenehme Zeit verbringt, sich entspannen und erfreuen kann und von den Darsteller*innen fasziniert ist.

Keith Johnstone – *Theatresports™ and Lifegame* Newsletter – Ausgabe Nr. 1, 1989

Früher dachte ich, es gelte zu verhindern, dass die Improschüler*innen jemals die Erfahrung des Scheiterns machen – ich dachte, ich könne dies erreichen, indem ich immer genau das richtige Material auswähle und es in winzigen Schritten unterrichte. Heute denke ich, dass es wichtiger ist, Wege zu zeigen, wie man damit umgehen kann, wenn das Scheitern weh tut. Ich sage den Schülern*innen, sie sollen dem Lehrer die Schuld geben, lachen und keinesfalls zeigen, dass sie sich beim nächsten Mal noch mehr anstrengen.
Das Publikum liebt den Anblick des Scheiterns, aber es möchte keine Spieler*innen sehen, die sich dafür selbst bestrafen.
Der Grund, weshalb so wenige Leute seinen Wert erkennen, ist, dass Scheitern für gewöhnlich mit einer schrecklichen Selbstbestrafung verbunden wird, die rein gar nichts mit Lernen zu tun hat (denn muskuläre Anspannung erschwert wahrscheinlich das Lernen) und die eine reine Abwehrreaktion darstellt.

Landesbühnen Sachsen
Radebeul, Deutschland
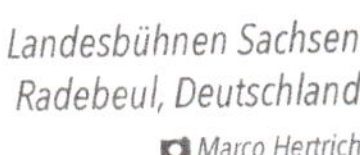
Marco Hertrich

Vom *Theatersport* lernte ich, mich beim Scheitern wohlzufühlen, gerade weil die Wahrscheinlichkeit zu scheitern so hoch ist. Das gibt einem Mut.
Collin Mocherie

➡ TEAMWORK

Theatersport ist Teamwork. Interessanterweise betrachten ihn auch viele Spieler*innen als Wettkampf zwischen zwei Teams. In Wahrheit gibt es aber nur ein Team, zu dem *alle* Spieler*innen, Techniker*innen, Helfer*innen und das Publikum gehören. Der Kampf gilt der Langeweile, der Sicherheit und der Mittelmäßigkeit. Ein Sieg wird mit Spaß, Begeisterung und nachhaltigen, positiven Erinnerungen belohnt. Die Improvisationstechnik basiert auf Teamarbeit. Wir akzeptieren und unterstützen die Ideen der Anderen, damit wir kreative Risiken eingehen können. Es ist widersinnig, bei einer Theaterform, die ganz wesentlich auf gegenseitiger Unterstützung beruht, gerade diesen Aspekt in der Aufführung auszuklammern. Wenn ein Team die gegnerische Szene nicht unterstützt, dann wird es vielleicht kurzfristig davon profitieren und diese Herausforderungsrunde gewinnen, aber letzten Endes verhält es sich damit kontraproduktiv zu einer erfolgreichen Improvisation. Es geht nicht um den Ruhm der Einzelnen, sondern der Fokus muss auf der gemeinsamen Arbeit liegen, um dem Publikum eine gute Vorstellung zu bieten. Wenn ein Team einspringt und dem Gegner hilft, dann wird das Publikum mit einer positiven Erfahrung belohnt. Und wenn das Publikum Woche für Woche wegen der guten Qualität der Aufführungen wiederkommt, dann werden die Spieler*innen mit dem Erfolg des gesamten Ensembles belohnt.

*Picnic Improvisación Teatral
Bogota, Kolumbien*
📷 *Romina Cruz*

➡ UNGEZOGENHEIT (SICH DANEBENBENEHMEN)

Im Zusammenhang mit dem Impro-Spirit hat Keith immer wieder dazu ermutigt, in *Theatersport*-Aufführungen auch eine gewisse Portion Ungezogenheit an den Tag zu legen. Er möchte, dass das Publikum den Eindruck hat, dass die Spieler*innen fröhliche, wohlwollende Kreaturen sind, die einmal pro Woche aus ihren Käfigen rausgelassen werden und manchmal ein bisschen schwer zu kontrollieren sind. Verspieltheit und sich auf spielerische Art danebenzubenehmen würzen die Veranstaltung, so lange es mit einer positiven Haltung geschieht.

Unangenehmes Verhalten mit schlechtem Spirit, wie Verbissenheit, abfällige Bemerkungen oder ernstgemeinte Auseinandersetzungen über die Bewertung von Szenen, sind in Niemandes Interesse – außer von Menschen mit großen Egos. Das ungezogene Benehmen darf die Show nicht behindern. Vielmehr sollte es der Aufführung noch etwas hinzufügen. Hier einige Beispiele für inspirierenden Ungehorsam:

Ein Spieler „verzögert" den Beginn, weil er noch das gute Aussehen der Richter*innen bewundernd kommentiert oder von ihnen Fotos macht.

Eine Spielerin besteht (wieder und wieder) darauf, dass andere Mitglieder ihres Teams (und nicht sie selbst) die Ehre haben sollten, die nächste Szene zu spielen.

Eines der Teams fängt an, kleine Extraszenen am Bühnenrand zu spielen, und versucht so, eine Guerilla-Show für einige auserwählte Zuschauer*innen zu starten.

Keith Johnstone – *Impro for Storytellers*, S. 20 (vgl. *Theaterspiele*, S. 68)

Wenn Ungezogenheit richtig verstanden wird, werden alle mutiger. Bestens geeignet ist sie, um Wartezeit in der Show zu füllen. Ohne das freche „Sichdanebenbenehmen" wird sich euer Spiel immer etwas angestrengt und unfrei anfühlen.

FERTIGKEITEN/HANDWERK

Nicht selten kommt es vor, dass Improgruppen zu stark vereinfachte Versionen und Erklärungen der Improvisationstechniken beigebracht bekommen.
Z. B.: „Sag immer *Ja*, sag niemals *Nein*." Klar, Angebote zu akzeptieren *ist* ein Schlüsselelement, jedoch geht es dabei nicht einfach nur ums Ja-Sagen. Wir üben uns im Akzeptieren, um ein unterstützendes Verhalten zu fördern und damit Spieler*innen kreative Risiken eingehen können, ohne Angst vor Be- und Verurteilung zu haben. Ist dieser Spirit einmal geweckt, geht es darum, genau diese Grundideen für das Publikum in Geschichten umzusetzen. Fertigkeiten wie präsent zu sein, angstfrei kreative Risiken einzugehen, Scheitern willkommen zu heißen, Kontrolle aufzugeben oder die Anderen vollständig zu akzeptieren und zu unterstützen, werden in unserem Alltag unterdrückt. Sie brauchen dementsprechend Zeit, um sich zu entwickeln und müssen gepflegt werden.

Hier sind einige Improvisationsgrundlagen und die passenden Spiele/Übungen aus *Impro for Storytellers* (*Theaterspiele*), vgl. Anmerkung zur Übersetzung S. 5):

Spontaneität/Im Moment sein

Unsere Angst vor Bewertungen von außen und der Wunsch, gemocht zu werden, bringen uns dazu, konstant darüber nachzudenken, was wir als Nächstes tun werden. Als Improspieler*innen müssen wir aber trainieren, im Moment zu sein. Sonst können wir nicht wahrnehmen, was gerade passiert und auch nicht unverstellt und echt darauf reagieren. Und wir sind nicht in der Lage, mit unseren Mitspieler*innen zusammenzuarbeiten.
· Mit großen Augen
 (Impro for Storytellers (IFS)
 S. 205-206/ Theaterspiele (TS) S. 332)
· Emotionale Laute (Geräusche)
 (IFS S. 268-270/ TS S. 342)
· Emotionale Reise (IFS S. 184-185/ TS S.315-316)
· Hut-Spiele (Klau den Hut) (IFS S. 19, 156-161/
 TS S. 68-69, 245-252)
· Mantras (IFS S. 210-274/ TS S.417-422)
· Sandwiches (IFS S. 236-237/ TS S. 379)

Kontrollverzicht

Angst führt auch dazu, dass wir Körper und Geist zu kontrollieren versuchen, nur um am Ende festzustellen, dass wir wahrhaftige Emotion und körperliche Entspannung eingebüßt haben. Übungen, die den Spieler*innen auf verschiedene Weise Verantwortung abnehmen, können befreiend sein.
· Tauzieher (IFS S. 57-58/ TS S.89)
· Ein Wort auf einmal (Wort für Wort) (IFS
 S. 114-115, 131-134, 329/ TS S. 161, 211-216, 454)
· Eine Stimme (IFS S. 171-177/ TS S. 269-277)
· Sagte er/sagte sie (Regieanweisungen)
 (IFS S. 195-199/ TS S. 284-289)
· Lippensynchronisation (Synchro)
 (IFS S. 171-178/ TS S. 275-279)
· Körper bewegen (IFS S. 200-202/ TS S. 293-296)

Körperlich spielen

Zuviel reden und das Zerreden von Gefühlen und Wünschen ist eine der ersten defensiven Verhaltensweisen von Improspieler*innen. Die Alternative ist, körperlich zu spielen, damit unser Körper die Geschichten erzählen kann und nicht unser Intellekt.
· Die Geste rechtfertigen
 (IFS S. 193-195/ TS S. 176-179)
· Kauderwelsch (Gromolo)
 (IFS S. 185-186, 214-219/ TS S.381-389)
· Veränderung des Körperbildes (IFS S. 276-277)
· Menschen als Objekte (IFS S. 303-304)
· Sitzen/Stehen/Liegen (IFS S. 366-367/ TS S. 531-532)

Status

Status ist Teil jeder Beziehung und damit eine direkte Möglichkeit, Beziehungen auf der Bühne zu definieren. Jedes Verhalten hat zu jedem Moment eine Wirkung auf das Statusgefüge. Wenn man ein Statusgefälle verdeutlicht oder auf den Kopf stellt, kann das dramatisches und faszinierendes zwischenmenschliches Verhalten offenbaren.

· Verschiedenste Statusübungen
 (IFS S. 219-231/ TS S. 354-381)
· Herr und Diener (IFS S. 240-241/ TS S. 373-374)
· Grimassen schneiden (IFS S. 162-168/ TS S. 254-266)
· Hackordnung (IFS S. 168, TS S.261)

Geschichtenerzählen

Wenn Improspieler*innen die Techniken des Geschichtenerzählens beherrschen, dann haben sie das benötigte Werkzeug zur Hand, um einen interessanten Improtheaterabend zu gestalten, ohne dabei ausschließlich auf Games, schnelle Pointen und Gags angewiesen zu sein. Den Spieler*innen muss bewusst sein, dass in den Augen des Publikums alles, was auf der Bühne geschieht, Bestandteil der erzählten Geschichte ist. Dieses Bewusstsein ist ebenso notwendig, wie die Fähigkeit, Erzähllinien zu erkennen, auszugestalten und fortzuentwickeln.

· Verschiedene Spiele zum Geschichtenerzählen
 (IFS S. 130-154/ TS S. 210-245)
· Was kommt als Nächstes?
 (IFS S. 134-142/ TS S. 216-226)
· Schreibmaschinenspiele
 (IFS S. 151-154/ TS S. 237-245)
· Ein Wort auf einmal (Wort für Wort)
 (IFS S. 114-115. 131-134, 329/ TS S. 161, 211-216, 454)

Ein Fallstrick beim Improvisieren ist es, dem Gefährlichen oder Unbekannten auszuweichen, indem die Geschichte kaputt gemacht wird. Wer Regie führt oder unterrichtet muss wissen, wie unbewusst vermieden wird, Geschichten voranzutreiben, und diese Person muss die Spieler*innen dazu ermutigen, unerschrocken vorwärts zu gehen.

FACHAUSDRÜCKE

Über die Jahre hat Keith etliche Fachausdrücke geprägt, die Mechanismen benennen, wie Geschichten verhindert und kaputt gemacht werden und welche Widerstände es beim Lernen zu überwinden gilt. Es folgt ein Auszug aus einem seiner Newsletter, worin er die einzelnen Ausdrücke und ihre mögliche Wirkung auf die Geschichte am Beispiel von Rotkäppchen erläutert:

Keith Johnstone – *Theatresports™ und Lifegame* Newsletter, Ausgabe Nr. 1, 1989 (vgl. auch *Theaterspiele*, S. 170-173)

Auslöschen:
Rotkäppchen wollte gerade aus dem Haus gehen, als Großmutter anrief und sagte: „Komm nicht!".

Ablenken:
Sie brach mit ihrem Körbchen mit Kuchen und Wein auf und blieb stehen, um ein paar Steine in den Fluss zu werfen. Da kam ein Floß angetrieben und sie sprang auf ... usw. (Es geschieht alles Mögliche, nur den Wolf trifft sie nicht.)

Originell sein:
Originell sein ist eine Art des Ablenkens: Rotkäppchen bemerkte, wie sich etwas Graues durch die Bäume bewegte, und in diesem Moment geriet sie in eine Zeitschleife, die sie ins 16. Jahrhundert zurück beförderte.

Kneifen:
Normalerweise ist Kneifen die Weigerung, etwas zu definieren: Rotkäppchen traf ein schweres, riesiges, haariges, graues, freundliches ... Tier ... im Wald. (Ich schwöre, dass Improspieler*innen sich so verhalten. Sie nehmen der Geschichte die Grundlage, indem sie sich weigern, die Sachen zu definieren, mit denen sie interagieren.)

Konflikt (wenn er eingesetzt wird, um die Handlung zu unterbrechen):
„Und warum hast du so große Zähne, Großmutter?" – „Was stimmt mit meinen Zähnen nicht?"
„Nun, sie sind groß." – „Lass mich in einen Spiegel gucken. Meine Zähne sind perfekt."
„Sie sind hässlich." – „Blödsinn."
Und so weiter.

Sofort-Problem (Sofort-Konflikt):
Rotkäppchen ging zur Tür hinaus und der Wolf fraß sie.

Spiele (einvernehmlich verabredete Aktivitäten):
Rotkäppchen kam am Häuschen an und sie spielte mit Großmutter den ganzen Nachmittag Tischtennis.

Ausweichen (um den heißen Brei reden):
„Du weißt ja, dass es Großmutter nicht gut geht und dass sie alleine lebt. Ich sagte ihr ja, dass das nicht schlau
ist, aber sie wollte nicht hören. Sie hat Arthritis und es ist sehr schwierig für sie, für sich selbst zu sorgen ..."
Und so weiter. Mutter wird vielleicht nie zu dem Punkt kommen, an dem sie Rotkäppchen den Korb gibt.

Tratschen:
„Erinnerst du dich daran, als ich dich mit dem Korb mit Kuchen zur Großmutter geschickt habe?"
„Oh ja, da habe ich den Wolf getroffen!"
„Ja, das war, bevor wir seinen Kopf über den Kaminsims gehängt haben."
„Ich sagte ihm, wie groß seine Zähne seien."
„Und er hat dich komplett runtergeschluckt. Der Kessel ist am Kochen. Ich mache uns Ovomaltine."
„Und es war so ein schrecklicher Schock, in ihm drinnen auf Großmutter zu treffen."

Blockieren:
„Bist du auf dem Weg zu deiner Großmutter, kleines Mädchen?"
„Ich habe keine Großmutter."

Negativität:
„Damit ich dich besser fressen kann!"
„Na gut, wenn du musst. Gott! Wölfe sind so langweilig."
(Diese Antwort ist zugleich ein Gag.)

Gagging:
(Siehe oben) Rotkäppchen hat einen schwarzen Gürtel und wirbelt den Wolf
durch den ganzen Raum. Dadurch verhindert sie, in Schwierigkeiten zu kommen.

Wie man vielleicht schon ahnt, sind alle diese Techniken (außer vielleicht dem Gagging) auch dazu
geeignet, eine Geschichte besser zu machen, anstatt sie zu zerstören. Im Normalfall ist es ziemlich offensichtlich, wenn Improspieler*innen gegen die Geschichte arbeiten, und es kann mit ein wenig Übung
auch leicht korrigiert werden.

Again! Productions – Paris, Frankreich
Romain Sablou

Gewinnen oder verlieren –
was letzten Endes für
euch zählen muss, ist das
Publikum. Eine gut gelaunte,
hochdramatische Nieder-
lage verschafft dem Publikum
mehr Vergnügen als aufgebrachte,
gekränkte Egos. Wenn das Publikum
gewinnt, könnt ihr nicht verlieren.
Shawn Kinley
Loose Moose Theatre
Calgary, Kanada

Teatrul National Gargu Mures
Rumänien Christina Ganj

THEATERSPORT IN ALLER HEIMLICHKEIT

Keith Johnstone – *Impro for Storytellers*, S. 6/7 (vgl. *Theaterspiele*, S. 49/50)

Nehmen wir an, dass die Kursteilnehmer*innen in einer Improszene belanglos plappern und sich gegenseitig keine Beachtung schenken (denn wenn sie einander zuhören würden, dann wären sie gezwungen, sich zu verändern). Man kann sie dazu bringen, etwas langsamer zu werden, indem man vorgibt, dass die Person verliert, die zuerst ein „n" benutzt [Der im englischen Beispiel benutzte Buchstabe s ist im Deutschen eher ungeeignet], z.B.:
„Hallo Vater." – „Du kamst letzte Nacht spät heim, James." – Vater verliert (weil „Nacht" ein „n" enthält).
Hätte er aufgepasst, dann hätte er folgendes sagen können:
„Du kamst …. Äh … erst um drei Uhr früh heim…."
Das Spiel wird noch attraktiver, wenn man die Spieler*innen in zwei Teams einteilt und die Mannschaft der Gewinnerin mit 5 Punkten belohnt. Jetzt spielen sie bereits eine Version von *Theatersport*.
Dann fügt man noch weitere Spiele hinzu. Zum Beispiel, dass die Person verliert, die zuerst eine Idee tötet:
„Du scheinst außer Atem zu sein. Bist du gerannt?" – „Das ist mein Asthma …" Die Asthmaattacke verliert, weil sie die Idee des Rennens verworfen hat.
Oder man fügt ein Spiel hinzu, bei dem alle Äußerungen als Frage formuliert sein müssen:
„Sie wollten mich verhören?" – „Sind Sie etwa keine Verdächtige?" – „Soll ich mich hierhin setzen?"
„Das ist mein Stuhl." Die Verdächtige gewinnt die Punkte.

DER SCHNELLE START

Wie man *Theatersport* einführt

1. Erwähne *„Theatersport"* mit keinem Wort.
2. Unterrichte ein Wettkampfspiel – das Hut-Spiel eignet sich hierfür geradezu ideal.
3. Schlage vor, dieses Spiel in zwei Mannschaften mit je drei bis vier Leuten zu spielen.
4. Wenn der dritte Schritt Spaß gemacht hat, füge eine Richterin hinzu.
5. Füge eine Kommentatorin hinzu.
6. Teile der Gruppe mit, dass sie gerade eine vereinfachte Form von *Theatersport* spielt.
7. Bitte zwei Teamkapitän*innen, je drei bis vier Spieler*innen zu wählen. Ernenne eine Person, die für den Punktestand zuständig ist, und drei Richter*innen. (Als nächste Stufe)
8. Bitte die Teams, sich zu irgendetwas, das ihnen in den Sinn kommt, herauszufordern (nach dem Ermessen der Richter*innen). Z.B. zur besten Herr/Diener-Szene oder zu einem „original bayerischen Armdrücken" oder zur furchteinflößendsten Szene – was auch immer.
9. Ermutige die zusehenden Teammitglieder, ihr Team anzufeuern. Das kann enorme Begeisterung erzeugen.
10. Gib den Richter*innen jeweils ein Set Punktekarten von 1 bis 5 und je eine Fahrradhupe, mit der sie hupen können, um langweilige Szenen zu beenden.
11. Später kannst du der Kommentatorin ein Mikrofon geben und Leute für Ton, Licht und Szenografie dazuholen.

Wenn die Ideen Schritt für Schritt eingeführt werden, haben die Schüler*innen das Gefühl, dass sie das Format selbst erfinden. Unter den richtigen Bedingungen führt der Wettkampfcharakter dazu, dass die Spieler*innen motiviert sind, von sich aus ihre Improtechnik zu verbessern, und deshalb die Lehrperson als hilfreiche Quelle für ihre Lernfortschritte ansehen – eine ausgezeichnete Lehrsituation.

Impro Now – Adelaide, Australien
◧ Tracey Davis

WAS MAN FÜR DIE GRUNDFORM VON *THEATERSPORT* BENÖTIGT

· Improspieler*innen
· drei Richter*innen
  – eine Münze
  – drei Hupen (siehe Seite 38)
  – einen Korb, in den ein Kopf hineinpasst
    (Am besten drei! Siehe Seite 41)
  – drei Sätze mit je fünf Punktekarten von 1 bis 5.
    Die Karten müssen auf beiden Seiten beschriftet
    werden und so groß sein, dass die Leute in der
    letzten Reihe sie sehen können.
· eine Spielleiterin
· eine Kommentatorin
  – ein Mikrofon
· eine Person, die den Punktestand führt

  – eine Punktetafel
  – einen Stift oder Kreide oder Zahlen, die man aufkleben
    kann
· Aufführungsraum
  – eine Bühne, am besten mit einem Offstage-Bereich
    und Auf- und Abgängen (Seitengassen)
  – Plätze für die Teams und für die Richter*innen
  – Möbel, Kostümteile, Requisiten für Spieler*innen und
    beteiligte Ausstatter*innen (siehe Seite 46)
· Impro-Lichttechnikerin
  – wenn möglich dimmbare Schweinwerfer
· Impro-Tontechnikerin und/oder Impro-Musikerin
  – Audioausstattung/Musik- und Sounddatenbank und/
    oder Instrumente

EINE *THEATERSPORT*-SHOW

Keith beschreibt eine typische Aufführung
(circa 1980)

Keith Johnstone – *Impro for Storytellers*, S. 2/3 (vgl. *Theaterspiele*, S. 28/29)

Theatersport am *Loose Moose Theatre*

Es ist zwei Minuten nach acht an einem Sonntagabend und Popcornduft verrät euch, dass ihr eine Veranstaltung der Populär-Kultur besucht. Die Eröffnungsmusik ertönt und das Publikum beginnt zu jubeln, als das Spotlicht eines Verfolgers über die Menge fegt. Es fällt auf eine Kommentatorin und hält inne. Sie steht vor der Punktetafel, die am rechten Bühnenrand hoch aufgehängt wurde.

Sie begrüßt das Publikum und bricht das Eis, indem sie das Publikum vielleicht um Folgendes bittet: „Sagen Sie jemandem, den Sie nicht kennen, welches Gemüse Sie am meisten hassen!" oder „Teilen Sie mit jemandem ein Geheimnis, das Sie bisher noch niemandem erzählt haben!" oder „Umarmen Sie die Ihnen unbekannte Person, die am nächsten bei Ihnen sitzt" (Ich bin erstaunt, dass unsere Zuschauer*innen sich darauf einlassen und sich gegenseitig umarmen.) ... Die Kommentatorin wird jetzt zu einer körperlosen Stimme, die bei etwaigen Schwierigkeiten vermittelt und Feinheiten erklärt. Die Stimme kann kurz kommentieren, ohne aufdringlich zu sein, anders als Moderator*innen, die immer ganze Redeblöcke einbringen müssen, um ihre Unterbrechung zu rechtfertigen. „Können wir bitte das traditionelle ‚Buh' für die Richter*innen haben!", sagt die Kommentatorin. Auf diese Weise erlauben wir den Zuschauer*innen, dass sie auch später buhen dürfen (wenn sie den Drang dazu verspüren).

Die Richter*innen, in Roben gekleidet, überqueren die Bühne, um im Graben Platz zu nehmen, der unsere Spielfläche umgibt. Fahrradhupen hängen um ihre Hälse. Dies sind Rettungshupen, die benutzt werden, um langweilige Spieler*innen von der Bühne zu entlassen. Ihr Auftreten ist ernst und würdevoll, denn es macht viel weniger Spaß, fröhliche und offenherzige Menschen auszubuhen.
An einem typischen Abend würde die Kommentatorin ein „10-Minuten-Herausforderungs-Match" ansagen, „das von zwei unserer Nachwuchs-teams gespielt wird. Begrüßt die Erdferkel mit einem kräftigen Applaus ..."
Drei oder vier Improspieler*innen flitzen von der gegenüberliegenden Seite auf ihre Teambänke. Das erlaubt uns, einen Blick auf sie zu werfen, während sie die Bühne kreuzen. „Und jetzt klatscht für die Bad Billys!" Die Teams sollten gemeinsam als Gruppe die Bühne betreten, nicht einzeln als Individuen oder gar als „Stars" (à la Showbusiness).

DAS 10-MINUTEN-SPIEL

The Court Theatre – Christchurch, Neuseeland
📷 *Rachel Sears*

Das 10-Minuten-Spiel ist eine kurze Herausforderungsrunde für neue Improspieler*innen. Es ist wichtig, dass die Kommentatorin darauf hinweist, dass in dieser Runde Anfänger*innen spielen.
Das nimmt Druck von ihnen, da so das Publikum seine Erwartungshaltung anpassen kann.

*Verhaltet euch wie Athlet*innen,
denkt wie Improspieler*innen.*
**Nils Petter Morland
Det Andre Teatret
Oslo, Norwegen**

Vorteile des 10-Minuten-Spiels:
· Es ermöglicht Nachwuchsspieler*innen eine kurze, sichere und überschaubare Erfahrung auf der Bühne. Und Erfahrung ist die beste Lehrmeisterin, die man sich als Spielerin nur wünschen kann.
· Die Erwartungen des Publikums werden gesenkt, da normalerweise Nachwuchsspieler*innen nicht so stark sind, wie Spieler*innen mit 20 Jahren (oder mehr) Bühnenerfahrung.
· Es vermittelt den Zuschauer*innen, dass Improvisationstheater nicht so einfach ist, wie es vielleicht aussieht.
· Es trägt dazu bei, dass sich die darstellerische Qualität der Szenen im Verlauf der Show steigert.
Das Spiel kann sowohl als Richter*innen-Herausforderungsmatch gespielt werden, was für neue Spieler*innen sehr hilfreich sein kann, da die Richter*innen die Herausforderungen bestimmen, als auch als Herausforderungsmatch, wie weiter unten beschrieben.

Keith Johnstone – *Impro for Storytellers*, S. 3-5 (vgl. *Theaterspiele*. S. 29-31)

„Eine Richterin und die zwei Teamkapitän*innen in die Mitte der Bühne", sagt die Kommentatorin. Eine Münze wird geworfen und vielleicht trägt die Gewinnerin zu einer freundlichen Atmosphäre bei, indem sie sagt: „Ihr stellt die erste Herausforderung." Eine Spielerin schreitet über die Bühne ins „feindliche Territorium" und verkündet: „Wir, die Erdferkel, fordern euch, die Bad Billys, zu der besten Szene aus einem kürzlich erschienen Film heraus!" (oder was auch immer). „Wir akzeptieren!", sagen ihre Kontrahent*innen.

Jedes Team improvisiert seine „Film"-Szene (wobei die herausfordernde Mannschaft beginnt). Die Richter*innen verteilen Punkte von 1 bis 5, indem sie Punktekarten hochhalten: 5 bedeutet exzellent, 1 bedeutet schlecht und das Ertönen der Rettungshupe bedeutet: „Bitte seid so nett und verlasst die Bühne." Herausforderung folgt auf Herausforderung, bis eine vereinbarte Zeit vergangen ist. Manchmal gibt es „Eins-zu-Eins"-Herausforderungen, in welchen die Spieler*innen beider Teams zusammenspielen – z.B. in einer „Eins-zu-Eins-Liebesszene, die nach Aufrichtigkeit und Wahrheit beurteilt werden soll". (An Eins-zu-Eins-Szenen können auch mehrere Spieler*innen aus jedem Team beteiligt sein. Sie werden dann „Eins-zu-Eins-Teamherausforderung" genannt.) Herausforderungen können grundsätzlich aller Art sein (solange die Richter*innen zustimmen) – z.B. Bruce McCullochs legendäre Herausforderung „zur besten Szene, die so lange dauert, wie ich meinen Kopf in einem Eimer unter Wasser halten kann."

Die Teams tragen zur Abwechslung und Vielfalt des Abends bei, indem sie zu gemimten Szenen ohne Sprache herausfordern oder zu Szenen in Kauderwelsch oder gereimten oder gesungenen usw. während die Tontechniker*innen Donner beisteuern oder Explosionen oder Bluegrass-Musik oder den *Walkürenritt* oder Punk Rock oder den *Tanz der Zuckerfee* oder „Vampirmusik" oder Liebesmotive aus Filmen oder Toilettenspülungen oder was auch immer passend scheint.

Diesem Nachwuchsmatch folgt in der Regel eine 15-minütige freie Impro, in der ein kurzer Improworkshop von einer Leiterin gegeben wird (genauso wie ich es damals in den 1960igern mit der *Theatre Machine* gemacht habe).

... ist eine kurze Trainingseinheit während der Aufführung. Das Publikum kommt in die Genuss, in die Geheimnisse des Improvisierens eingeweiht zu werden, indem Nachwuchsspieler*innen auf der Bühne in Improtechniken unterrichtet werden (und dabei Bühnenpraxis erhalten). Die frei Impro ist manchmal der lustigste Teil des Abends. (Erklärungen bleiben auf ein Mindestmaß beschränkt – auf gar keinen Fall gleicht sie einer Lehrveranstaltung. Wenn die Spieler*innen etwas verstehen, tun dies auch die Zuschauer*innen – spätestens wenn sie sehen, wie die Anweisungen umgesetzt werden.)

Diejenigen, die die freie Impro anleiten, sind eine Kombination aus Workshop-Leiter*innen und Zoowärter*innen. Die Spieler*innen benehmen sich wie glückliche Äffchen, die ganz versessen darauf sind, auf der Bühne zu stehen. (Manchmal ist ein wenig Anstrengung nötig, um sie unter Kontrolle zu halten.) Wenn die Leiter*innen der freien Impro um zwei Freiwillige bitten, dann ist es viel schöner zu sehen, wie fünf Leute auf die Bühne stürmen und drei davon zurückgeschickt werden, als zu sehen, wie verängstigte Improspielerin*innen zum Mitmachen ermutigt werden müssen. Die Haltung, die ihr zeigt, schlägt sich auf die Stimmung der Zuschauer nieder: „ängstlich und nervös" oder „spielfreudig und glücklich"?

Eine freie Impro kann beinhalten:
· Beispiele für Blockieren und Akzeptieren – und wie Enthusiasmus die Arbeit beeinflusst
· Die Übung „Party mit Eigenschaften", um zu zeigen, wie interessant es ist, wenn Spieler*innen eine starke Einstellung gegenüber den anderen Charakteren haben. (Siehe *Impro for Storytellers*, S. 233/ *Theaterspiele*, S. 374)
· Statusübungen
· Maskenarbeit
· Beispiele aus Trainingsübungen, die nicht oft in Shows gezeigt werden, wie „Hand auf dem Knie", „Grimassen schneiden" „Gruppen-Ja", „Eine Stimme" usw.

Die freie Impro kann das Selbstvertrauen von Nachwuchsspieler*innen stärken. Sie ist nicht dazu gedacht, wie ein festgeschriebener Teil der Show bei jedem Auftritt gezeigt zu werden. Benutzt sie lieber als Werkzeug, das ihr bei Bedarf anwenden könnt, um dadurch die Show zu verbessern und um die Spiele*innen und das Publikum auf spielerische Weise „fortzubilden". Ihr werdet erstaunt sein, wie sich die Beziehung zu eurem Publikum intensiviert, wenn ihr es in die Geheimnisse des Improspielens „einweiht".

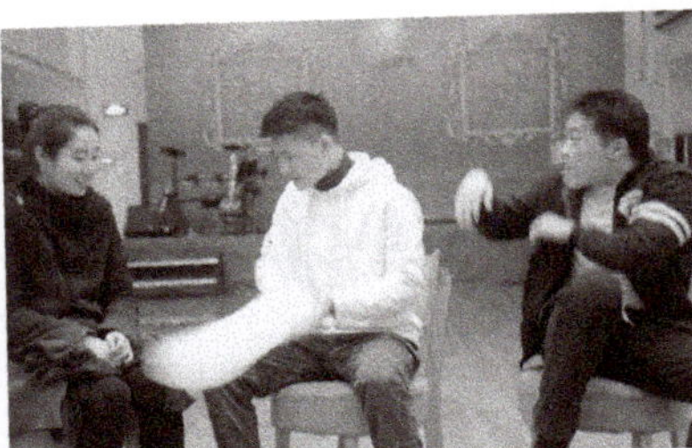

Beijing Horse Horse Tiger Tiger Culture Communication Inc.– China
Zeng Cheng

DAS DÄNISCHE MATCH

Keith rät, dass Gruppen ihr Training mit dem „dänischen Match" beginnen sollten, da es leicht zu arrangieren und zu handhaben ist.

Keith Johnstone

Nehmt das Risiko, den Wettstreit und das Scheitern weg und ihr nehmt den „Sport" aus *Theatersport*.

Die unparteiische Spielleiterin muss die Namen der beiden Teams immer so anpassen, dass sie die gleiche Anzahl von Silben enthalten – sonst hat der längere Name einen Vorteil. Von „Whoos" und Pfeifen wird abgeraten, da es dadurch schwer wird, zu hören, wie die Gesamtheit des Publikums abgestimmt hat.

Die Spielleiterin des „dänischen Matches" ist nicht die gleiche Person wie die Kommentatorin der ganzen Show.

Die Spielleiterin hat eine andere Funktion: Sie erklärt, wie das „dänische Match" und die Abstimmungen funktionieren. Sie hupt Szenen aus und verteilt Strafkörbe. Die Kommentatorin bleibt solange an ihrem Platz in der Nähe der Punktetafel und erfüllt weiterhin ihre Aufgaben: Sie gibt die Punktestände bekannt und erklärt per Mikrofon Elemente des Spiels. Außerdem stellt sie die Teams und die Spielleiterin vor und dankt ihnen am Ende.

DAS HERAUSFORDERUNGSMATCH:

Loose Moose Theatre – Calgary, Kanada
 *Deborah Iozzi*

Hier stellt ein Team eine Herausforderung und beide Teams spielen eine Szene, welche auf dieser Herausforderung basiert.

Team Eins fordert Team Zwei heraus:
Das fordernde Team spielt immer zuerst. Team Eins legt vor und spielt eine Szene zu der von ihnen selbst gestellten Herausforderung. Das andere Team sitzt sichtbar am Bühnenrand und überlegt sich eine szenische „Antwort" (ohne dabei die Spielenden abzulenken). Wichtig ist, dass die Antwort von Team Zwei zum Abwechslungsreichtum der Aufführung beiträgt. Team Eins wird mit Punkten bewertet. Team Zwei spielt seine Antwort und wird mit Punkten bewertet.

Dann stellt Team Zwei seine Herausforderung an Team Eins. Wieder spielt das fordernde Team zuerst.
So geht es, bis das Ende der grob vereinbarten Spielzeit des Matches erreicht ist.
Die Richter*innen beenden das Match nach einer gelungenen Szene. Das bedeutet, dass die exakte Gesamtdauer der Aufführung flexibel ist.
Die Show endet mit der Bekanntgabe des Siegerteams und die beiden Mannschaften kreuzen die Bühne, schütteln sich die Hände wie bei Sportwettkämpfen üblich und winken dem Publikum zu. Die Kommentatorin wünscht allen einen guten Abend und einen sicheren Heimweg.

Keith Johnstone – Impro for Storytellers, S. 5/6 (vgl. Theaterspiele, S. 32)

Vielfalt ist sehr wichtig in einer *Theatersport*-Aufführung. So wie im Zirkus eine Jonglage-Einlage vor einer todesmutigen Artistik-Nummer platziert wird oder wie Shakespeare seinen dunkelsten Tragödien komödiantische Figuren hinzufügt, so müssen sich die Improspieler*innen um Abwechslungsreichtum bemühen.

Die Improteams sollten sich bewusst sein, dass sie Abwechslung schaffen müssen, weil Spieler*innen unbewusst dazu neigen, in Muster zu verfallen. Der ganze Abend läuft dadurch Gefahr, die gleiche Art von Inhalten, Themen und Tempi zu haben.

Vielfalt könnt ihr auf folgende Weisen befördern:
· Länge der Szenen: Wenn ein Team eine lange Szene spielt, antwortet mit einer kurzen.
· Anzahl der Spielenden auf der Bühne: Wenn ein Team eine Schloszene spielt, dann bringt in eurer Szene viele Menschen auf die Bühne.
· Optische Erscheinung: Wenn ein Team eine leere Bühne benutzt, dann gebraucht Möbel und Requisiten oder Lichttechnik für eure Szene oder geht ins Publikum.
· Inhalt: Wenn eine Liebesszene gespielt wurde, spielt keine zweite.
· Dramaturgie: Wenn eine Szene urkomisch war, antwortet mit etwas Ruhigem, Einfachem, Langsamem, Dramatischem oder mit einer Szene, die ohne Worte auskommt.
· Zielt nicht darauf ab, jede Szene lustig zu machen, sondern erzählt Geschichten.

Keith Johnstone – *Impro for Storytellers*, S. 9/10 (vgl. *Theaterspiele*, S.54-55)

Die Erdferkel springen auf die Bühne, um ihre Szene zu präsentieren.

„Wartet!", sage ich. „So kam schon das andere Team auf die Bühne. Gibt es nicht noch eine andere Möglichkeit, um eine positive Haltung und Spielfreude zu zeigen?" Sie sind baff.
„Wünscht euren Teammitgliedern viel Glück. Schüttelt ihnen die Hände. Tut so, als wären sie Boxer*innen und ihr ihre Sekundant*innen. Trocknet sie ab! Spielt, dass ihr ihnen einen Zahnschutz in den Mund einsetzt! Verkündet, dass sie in diesem speziellen Spiel „die ungeschlagenen Sieger*innen" sind. Lasst sie Autogramme unterschreiben. Ihr könnt keine positive Haltung, Mut, Warmherzigkeit und Spielfreude vermitteln, wenn ihr gehorsam seid." – „Aber werden die Richter*innen nicht beginnen, uns anzuzählen?"
„Das hoffe ich sehr (im Namen des Abwechslungsreichtums). Und sobald sie es tun: Fangt einfach an!"
Die Richter*innen zählen ein Team an, wenn es zu langsam ist. Das sollte aber nicht zu oft passieren.
In Europa zählt das Publikum vor jeder Szene einen Countdown. Das sollte nur der Fall sein, wenn die Richter*innen die Spieler*innen anzählen. Manchmal braucht ein Team länger als 5 Sekunden und verschwendet dennoch keine Zeit.

Sie sind kurz davor, mit ihrer Herr-Diener-Szene zu beginnen.
„Einen Moment noch. Auf der Bühne sind ein Tisch und zwei Stühle, aber die waren schon das Bühnenbild der vorherigen Szene. Wie wäre es stattdessen, auf einer leeren Bühne zu spielen? Oder warum nicht ein Boot auf die Bühne schieben? Warum ladet ihr nicht ein paar Leute aus dem Publikum auf die Bühne ein und lasst sie Zerrspiegel auf einem Jahrmarkt sein?"
Sie räumen die Möbel weg, während ihre Teammitglieder auf der Bank sitzen und gelangweilt dreinblicken.
„Ahhhh! Seid immer darauf aus, eure Mitspieler*innen zu unterstützen (auch die aus dem anderen Team). Das hier ist Theater, nicht die Alltagswelt, wo Menschen unfreundlich zueinander sind und gern in Selbstmitleid baden."

Die Erdferkel beginnen ihre Szene.
„Wartet!" – „Was ist denn jetzt?" – „Die andere Szene spielte in einem Schloss und diese auch. Warum seid ihr nicht zwei Leuchtturmwächter*innen beim Golfspielen? Oder Gott, der von einem seiner Engel massiert wird? Wiederholt niemals eine Szene, außer das andere Team ist derart gescheitert, dass ihr sagen könnt: ‚Wir werden euch zeigen, wie diese Szene hätte gespielt werden sollen!'".

THEATER-SPORT IM DETAIL

Keith Johnstone – *Impro for Storytellers*, S. 12 (vgl. *Theaterspiele*, S.72)

Wenn eine Gruppe zum ersten Mal öffentlich auftritt, sind die Spieler*innen oft so bescheiden, so verletzlich, dass das Publikum sie sofort ins Herz schließt. Beim nächsten oder übernächsten Mal kommen sie dann überheblich auf die Bühne und die Zuschauer*innen denken sich: „Die denken also, dass sie lustig sind? Na, dann wollen wir mal sehen, ob das auch wirklich stimmt!" und der begonnene Höhenflug endet mit einer unsanften Landung.

Der Jo-Jo-Effekt zwischen Arroganz und Bescheidenheit ist für Anfänger*innen so unvermeidbar wie die Stürze, wenn man Radfahren lernt.

Es ist wichtig, vor Publikum aufzutreten. Bitte versteckt euch nicht und versucht perfekt zu werden, bevor ihr dieses Risiko eingeht. Gruppen, die im Probenraum bleiben, bis sie meinen, genug Können zu haben, werden es kaum jemals wagen, öffentlich aufzutreten; das ist bedauerlich, denn man lernt schneller, wenn man vor unerbittlichen Fremden spielt als vor nachsichtigen Freund*innen.

Keith Johnstone

Wir brauchen eine schlechte Szene. Ziemlich genau jetzt.

Die Gesellschaft schätzt Perfektion, Erfolg und Sicherheit.
Theatersport schätzt Spontaneität, Scheitern und Risiko.
Patti Stiles
Impro Melbourne, Australien

DER BEGINN DER VORSTELLUNG

Feuerwerk und Fanfare … ?
Manche Gruppen glauben, dass die Show mit einer Art von „Bäm" begonnen werden muss, um das Publikum anzuheizen. Sie wollen mit einem reißerischen Anfang Spannung und Energie erzeugen.

Dieser Ansatz kann aus mehreren Gründen kontraproduktiv für die Improvisation sein:
· Bei den Spieler*innen wird Stress und Angst ausgelöst, weil sie den dadurch erzeugten Erwartungen gerecht werden wollen.
· Der Anfang bestimmt die Erwartungshaltung des Publikums: Es rechnet nun mit einer Vorstellung voller Showeffekte. Da diese Mittel in den improvisierten Szenen nicht mehr vorkommen, entsteht die Gefahr, dass dem Publikum dann eine leere Bühne minderwertiger erscheint.
· Die Zuschauer*innen werden davon eingeschüchtert und davon abgehalten, als Freiwillige mitzumachen.
· Es schafft eine Form von kreativem Wetteifern. Manche Zuschauer*innen haben den Eindruck, dass ihre Vorgaben mit der grellen Show „mithalten" müssen. Dies macht es nahezu unmöglich, ehrliche, einfache und wahrhaftige Vorgaben zu erhalten.
· Wenn die Zuschauer*innen mit dem Gefühl aus der Vorstellung gehen, dass die Aufführung am Anfang besser war als am Schluss oder sie sich von der künstlichen Begeisterung ausgelaugt fühlen, dann werden sie nicht Woche für Woche wiederkommen.

Lasst die Aufführung lieber mit der Kommentatorin beginnen, die das Publikum begrüßt und eine positive Atmosphäre schafft, welche die Improspieler*innen dabei unterstützt, auf die Bühne zu kommen, um Risiken einzugehen.

Keith Johnstone

Die meisten Gruppen erkennen gar nicht, wie konkurrenzbewusst sie sind.

DIE KOMMENTATORIN

So werden vorzugsweise diejenigen genannt, die durch die Show führen. Sie werden nicht als „Gastgeberin" oder als „Moderatorin" bezeichnet, da es diese Rollen im *Theatersport* nicht gibt.

Ihre Aufgabe ist es, zu begrüßen, zu erklären, dafür zu sorgen, dass die Aufführung Zug hat, und Hintergrundinformationen zu liefern, wie es Sportkommentator*innen machen. Sie sitzen an der Seite in der Nähe der Punktetafel und benutzen ein Mikrofon. Wenn es möglich ist, wird die Punktetafel mit einem separaten Scheinwerfer beleuchtet, der bei Änderungen des Punktestands hoch- und danach wieder heruntergefahren wird und in dessen Licht die Kommentator*innen ab und zu treten.

Die Aufgabe der Kommentatorin ist es, ...
· charmant und effizient zu sein.
· zu erklären, was in der Show passiert, damit das Publikum entspannen und die Aufführung genießen kann.
· die Spieler*innen und die Richter*innen vorzustellen.
· die Übergänge zwischen den verschiedenen Teilen der Show zu gestalten.
· den Teams und den Richter*innen (wenn nötig) dabei zu helfen, nicht den Überblick zu verlieren (z.B. darüber, welches Team als nächstes herausfordern muss).
· die Punktebewertungen der Jury zu verkünden, falls das Publikum die Karten nicht sehen kann.
· dem Publikum Elemente der Show zu erklären. Zum Beispiel: „Es wird gehupt, wenn die Richter*innen eine Szene langweilig finden. Damit signalisieren sie den Spielenden, dass sie die Bühne sofort verlassen dürfen. Die Szene wird trotzdem bewertet."

Es ist sehr wichtig, dass die Kommentatorin nicht mit den Spieler*innen um Lacher oder Aufmerksamkeit wetteifert.

Loose Moose Theatre – Calgary, Kanada
Kate Ware

Keith Johnstone – *Impro for Storytellers*, S. 9 (vgl. *Theaterspiele*, S. 53)

„Angenommen die Szene ist vorbei und die Richter*innen sind langsam mit ihrer Wertung – was macht dann die Kommentatorin?" „Sie sagt ihnen, dass sie sich beeilen sollen?" – „Das wäre im Statusgefüge zu hoch. Aber sie könnte etwas sagen wie: ‚Und die Wertung der Richter*innen ist ...' Wenn dann nichts passiert, kann sie Andeutungen fallen lassen. Zum Beispiel indem sie mit ruhiger Stimme verkündet: ‚Die Richter*innen nehmen sich für diese Entscheidung Zeit', oder ‚Das Publikum wird unruhig.' Die Kommentatorin sollte niemals herrisch oder aggressiv wirken."

WETTKAMPF

Keith Johnstone – *Impro for Storytellers*, S. 23 (vgl. *Theaterspiele*, S. 32-33)

Einige Menschen (oft glühende Sportfans) verurteilen *Theatersport* auf Grundlage ihrer Einschätzung, dass er konkurrenzbetont sei. Doch während „reguläres Theater" die Konkurrenz fördert – und ich könnte Geschichten erzählen, die man mir kaum glauben würde – kann *Theatersport* stattdessen ich-bezogene, missgünstige Anfänger*innen an die Hand nehmen und ihnen beibringen, Spiele mit einer positiven, offenen Haltung zu spielen und mit Würde zu scheitern.

In der Praxis kann es für die Spieler*innen sehr schwierig sein, den Wettkampf um die Punkte unbeachtet zu lassen. Aber es ist zwingend notwendig, dass der Wettkampf *nur* für das Publikum gespielt wird und es muss unbedingt klar sein, dass beide Teams zusammenarbeiten, um für das Publikum gutes Theater zu machen.

Keith Johnstone

Die Teams am *Loose Moose Theatre* fingen irgendwann an, unter allen Umständen gewinnen zu wollen und dabei sogar die Auftritte der anderen Teams kaputt zu machen. Das war Sport nach dem Vorbild von, sagen wir mal, American Football. *Theatersport* wurde gemein und aggressiv – und die Zuschauerzahlen schrumpften Richtung Null. Ich ging dagegen vor, indem ich jede Woche neue Teams zusammenstellte. Diese Teams wollten immer noch gewinnen, aber die Spieler*innen hörten auf, sich um den Punktestand zu kümmern und fingen an, Spaß zu haben (anstatt um die Ehre ihrer Mannschaft zu spielen). Und dann kam auch das Publikum wieder zurück.

DIE TEAMS

Fordert euch gegenseitig heraus und versucht, aus Spaß zu gewinnen, wie bei einem Spieleabend im Freundeskreis. Nehmt den Wettkampf bloß nicht ernst. Es geht darum, euch und dem Publikum eine gute Zeit zu bereiten! Dabei ist es nicht wichtig, ob ihr gewinnt.
Patti Stiles – Impro Melbourne, Australien

Es besteht ein großer Unterschied zwischen Improvisationstheater und anderen Formen darstellender Kunst. Eine Grundidee von *Theatersport* ist, dass eure Partner*innen immer da sind, um euch zu unterstützen (auf der Bühne wie auf der Seitenbank). Gebt aufeinander Acht. Lasst euch gegenseitig gut aussehen. Wenn ihr weniger mit euch selbst beschäftigt seid, dann spürt ihr weniger Angst und alle arbeiten gerne mit euch.

Keith Johnstone

Ich besuchte einmal eine *Theatersport*-Aufführung, bei der selbst das Team, das nicht dran war, ständig mit auf der Bühne stand („um dem anderen Team behilflich zu sein"). „Wenn alle auf der Bühne sind ist das ‚demokratisch'", wurde mir gesagt. Ganz anders am *Loose Moose*, wo erfahrene Improspieler*innen manchmal alleine gegen ein Viererteam spielen.
„Würden eure Zuschauer*innen es nicht auch gerne sehen, wie Solo-Akteure auf die Bühne geworfen werden und dann überleben müssen?"
„Das wäre reine Angeberei von Rampensäuen", sagten sie. „Aber es ist wahnsinnig aufregend, einen Menschen zu sehen, der im Fokus aller Aufmerksamkeit steht und der keine Angst hat. Solo-Violine, Solo-Jonglage oder Zauberei sind keine Angeberdisziplinen."
Arrogante Spieler*innen haben den Eindruck, dass sie versagt hätten, wenn sie eine untergeordnete Rolle spielen oder auf der Bank warten. Sie springen auf die Bühne, um am Ruhm teilzuhaben, ob sie gebraucht werden oder nicht. Und doch gründet sich das große Welttheater auf Szenen zwischen zwei Personen. Es ist sehr schwierig, eine gute Drei-Personen-Szene zu finden, da die dritte Figur im Normalfall eher eine zuschauende Funktion hat – und warum sollte das im Improvisationstheater anders sein?
Szenen, an denen alle Spieler*innen beteiligt sind, sollten die Ausnahme sein, nicht die Regel.

DER AUFTRITT DER TEAMS

Loose Moose Theatre
Calgary, Kanada
📷 *Kate Ware*

Keith Johnstone – *Impro for Storytellers* S. 7/8 (vgl. *Theaterspiele*, S.51)

Ich unterrichte *Theatersport* in einem Kurs und die Fat Cats und die Erdferkel werden gerade von der Kommentatorin vorgestellt. Sie kreuzen die Bühne, um zu ihren Teambänken zu gehen.
Ich unterbreche: „Schlendert nicht einzeln herein. Achtet aufeinander. Seid erkennbar eine Gruppe. Ihr seht isoliert voneinander aus."
Sie versuchen es noch einmal.
„Besser!", sage ich. „Aber ihr seht nervös aus."
Ein weiterer Versuch.
„Jetzt wirkt ihr arrogant. Wir mochten euch beim ersten Mal mehr!"
„Was sollen wir denn tun?"
„Stellt euch die ganze Zeit vor, dass das Publikum noch viel netter ist, als ihr es erwartet hattet. Erlebt jedes Mal eine kleine Welle der Begeisterung, wenn ihr ins Publikum blickt. Zeigt es nicht demonstrativ, ‚erlebt' es nur und vertraut darauf, dass eure positiven Gefühle unterschwellig übertragen werden."
Ich bitte sie beispielsweise, sich vorzustellen, sie seien die ganze Woche in einem Karton voller Sägespäne gehalten worden und

hätten jetzt die einmalige Chance, vollkommen lebhaft zu sein. Oder ich bringe sie dazu, mit ganz zusammengekniffen, engstehenden Augen aufzutreten – das wird bei ihnen fast immer feindselige Gefühle auslösen – und danach lasse ich sie genau das Gegenteil ausprobieren. „Kommt nochmal rein, aber diesmal mit weit geöffneten Augen!"

Kursteilnehmer*innen mit weit geöffneten Augen sehen alles in einem positiveren Licht und dadurch kann eine enorme Energie freigesetzt werden. Sie scheinen viel weniger Angst gegenüber dem „Raum" um sich herum zu haben und sie werden wahrscheinlich aufhören, damit beschäftigt zu sein, sich selbst zu bewerten. Wenn man im Alltag Schutzwälle abbaut, nehmen die Ängste zu; entfernt man sie hingegen auf der Bühne, wird sich die Angst verringern.

WO DIE TEAMS SITZEN

Die Teams sollten bequem auf Bänken an der Seite der Bühne sitzen, um nicht den Fokus auf sich zu ziehen. Aber sie sollten nah genug sein, um bei Bedarf schnell auf die Bühne springen zu können, um den anderen Spieler*innen zu helfen.

Keith Johnstone – Impro for Storytellers, S. 3 (vgl. Theaterspiele, S. 29)

Die Teams im Loose Moose können im Halbdunkel des halbmetertiefen Grabens verschwinden, der die Bühne umgibt. Doch viele Gruppen stellen ihre Teams aus, beleuchten sie durchgehend und setzen sie sogar manchmal quer vor die hintere Bühnenbegrenzung mit Blick nach vorn.
Das zwingt die Spieler*innen dazu, die ganze Zeit ein eingefrorenes Lächeln aufzusetzen. (Das ist typisch für „Game-Show-Theatersport", bei dem die eigentlichen Stars die Moderator*innen sind, während die Spieler*innen behandelt werden wie die Kandidat*innen einer „90er-Jahre-Gewinnspiel-Show" im Fernsehen. [In Deutschland etwa vergleichbar mit „Der Preis ist heiß", „Glücksrad" etc.])

DIE BÜHNE VERLASSEN

*Loose Moose Theatre
Calgary, Kanada*
Breanna Kennedy

Keith Johnstone

Wenn die Szene vorbei ist, sollten die beteiligten Spieler*innen zu ihren Bänken zurückgehen. (Manche möchten sich für ihre Szene verbeugen, doch das zieht die Show in die Länge, da das Publikum aller Wahrscheinlichkeit nach schon applaudiert hat, als das Licht heruntergefahren wurde.).

DIE RICHTER*INNEN

Teatro a Molla
Bologna, Italien
📷 Gianluca Zaniboni

Die Richter*innen haben keine unterhaltende Funktion, sondern sie sind ein wesentliches Element der Showstruktur: Ihre Rolle ist es, die Spieler*innen zu schützen, zu unterstützen und die Qualität des Matches zu verbessern. Sie sind nicht nur Schiedsrichter*innen. Da sie auf die Spieler*innen „aufpassen", wird diesen ermöglicht, größere Risiken einzugehen. Als Spielerin kann man sich darauf verlassen, dass die Richter*innen einen von der Bühne holen, wenn man das Publikum zu langweilen beginnt, dass sie einen bestrafen, wenn man das Publikum beleidigt, dass sie einen zum Wesentlichen zurückbringen, wenn man abgelenkt ist, und dass sie, wenn nötig, auch eine harte Entscheidung treffen und dadurch den Unmut des Publikums auf sich ziehen, so dass die Spielerin geschützt ist und vom Publikum als Heldin gesehen werden kann.

Keith Johnstone

Die Richter*innen sind die strengen Eltern und die Spieler*innen sind die „frechen, aber liebenswerten Kinder".

Die Richter*innen können all das erreichen, indem sie...
· als Autoritätspersonen auftreten, auf welche die Spieler*innen und Zuschauer*innen reagieren können.
· zu Effizienz und Klarheit im Ablauf beitragen.
· Entscheidungen treffen, wenn nötig.
· die Spieler*innen ggf. darauf hinweisen, beim Annehmen oder Ablehnen von Herausforderungen zügig zu agieren.
· die Spieler*innen ermutigen, mit der Szene zu beginnen, sollten diese den Szenenanfang verzögern („Die Szene beginnt in 5-4-3-2-1").
· die Spieler*innen bitten, lauter zu sprechen.
· mittelmäßiges szenisches Material von der Bühne verbannen, bevor sich das Publikum zu langweilen beginnt. Hierzu dient:
  - der Gebrauch der Rettungshupe
  - das Herunterwinken des Lichts
  - Side-Coaching: „Findet ein Ende" oder „Noch 30 Sekunden bis zum Ende der Szene."
· ein Auge auf den Inhalt der Szenen und den Abwechslungsreichtum der Aufführung haben.
· die Spieler*innen – wenn nötig – verwarnen (bei zu häufigem Fluchen, zu wenig Vielfalt in der Szenenarbeit, zu schleppenden Szenenanfängen usw.).
· den „Strafkorb" verhängen.
· Herausforderungen nach ihrem Ermessen zugunsten der Qualität der Aufführung zurückweisen (wie das auch die Teams tun können), bspw. um Dopplungen zu vermeiden („Wir haben so eine Herausforderung gerade gesehen") oder echte Gefahren auszuschließen („Auf Grund der Brandschutzbestimmungen können wir kein echtes Feuer auf der Bühne gestatten.").

Am Ende einer Szene geben die Richter*innen eine Bewertung von eins (niedrig) bis fünf (hoch) ab.
Obwohl eigentlich alle Richter*innen gleichberechtigt sind, gibt es eine vorsitzende Richterin, deren Titel die Illusion von Autorität verstärkt. Sie führt den Münzwurf durch und fällt finale Entscheidungen.

➲ **TIPP** Die Richter*innen sollte keine lustig gemeinten Kostüme tragen. Das nimmt ihrer Rolle in den Augen der Zuschauer*innen Autorität und es macht einfach mehr Spaß, Autoritätsfiguren anzuschreien.

Keith Johnstone

Gebt den Richter*innen keine unterschiedlichen Verantwortungsbereiche; z.B. eine Richterin für das Geschichtenerzählen, eine für das Technische und eine für die Unterhaltung. Wir haben das ausprobiert und es hat nie so funktioniert wie beabsichtigt. Entweder wurde die Aufteilung ignoriert oder sie hat nur für Verwirrung gesorgt.

Das erste Erscheinen der Richter*innen sollte nicht groß inszeniert werden und sie sollten die Effizienz der Show nie stören. Die Richter*innen treten am besten gemeinsam auf, während die Kommentatorin das Publikum einlädt, sie auszubuhen. Dadurch wird ein Rahmen geschaffen, in dem sich die Zuschauer*innen frei fühlen, spielerisch auf die Autoritätspersonen der Show zu reagieren. Die Richter*innen sollten sich durch die Buhrufe weder verletzt fühlen noch sich so verhalten als ob.

Keith Johnstone – *Impro for Storytellers*, S. 8 (vgl. *Theaterspiele*, S. 51-52)

Ich bitte die Kommentatorin zu sagen: „Darf ich um das vorschriftsmäßige ‚Buh‘ für die Richter*innen bitten!" Zwei Richter*innen gehen über die Bühne zu ihren Plätzen, während die dritte zur Bühnenmitte geht, um dort den Münzwurf zu überwachen. „Ihr solltet alle zusammenbleiben", sage ich. „Aber so sparen wir Zeit." – „Aber dann sehen wir die Richter*innen nicht als ‚einen Organismus‘. Überquert die Bühne als eine Einheit und nehmt eure Plätze ein, während das Publikum pfeift und buht. Dann kann die Kommentatorin das Buhen beenden, indem sie sagt: ‚Die oberste Richterin bitte zur Bühnenmitte für den Münzwurf.‘" (Dieses oberste Richteramt ist reine Fiktion – keine Richterin darf die anderen beiden von oben herab behandeln.)

Die Rolle der Richterin will gelernt sein. Wer als Richterin fungiert, darf sich keine Gedanken darüber machen, ob das Publikum sie mag. Die Spieler*innen müssen es ihren richtenden Mitspieler*innen erlauben, Fehler im Umgang mit der Rettungshupe zu machen, und darauf vertrauen, dass die Richter*innen im richtigen Spirit – also wohlwollend – handeln.
Wenn die Aufführung gut läuft, reagiert das Publikum auf die Richter*innen, wenn diese eine Szene aushupen. Es ist deutlich besser, wenn die Richter*innen ausgebuht werden, als wenn die Spieler*innen oder die gesamte Aufführung ausgebuht werden. Auch eine kleine Ungehaltenheit gegenüber den Richter*innen ist besser als Stille im Publikum, weil niemand die Verantwortung für die Szenenarbeit übernimmt.

⊃ **TIPP** Spielt in euren Proben Spiele wie das „Königsspiel", um die Fähigkeiten zu trainieren, die man braucht, um eine gute Richterin zu sein. (Siehe *Impro for Storytellers*, S. 237/ *Theaterspiele*, S. 368)

Keith Johnstone – *Impro for Storytellers*, S. 67 (vgl. *Theaterspiele*, S. 96 ff.)

Scheitern ist Teil eines jeden Spiels, und solange das nicht verstanden wurde, wird *Theatersport* eine höchst stressige Angelegenheit sein.

HÖLLENRICHTER*INNEN

Eine Möglichkeit, Richter*innen zu trainieren, ist es, „Höllenrichter*innen" einzusetzen – eine besondere Methode, um die Akteur*innen wirklich mit der Stimmung des Publikums als Ganzes in Kontakt zu bringen. Die Höllenrichterin (es können auch mehrere Personen sein) sitzt normalerweise ganz hinten, so dass sie von den Zuschauer*innen nicht wahrgenommen wird. Ihre Aufgabe ist es, darauf zu achten, ob das Publikum von der Aufführung in den Bann gezogen wird oder nicht. Es passiert oft, dass sowohl die Spieler*innen als auch die Richter*innen, die ja ganz vorne sitzen, von lauten Zuschauer*innen in den ersten Reihen beeinflusst werden, was dazu führt, dass sie die Stimmung des Gesamtpublikums falsch einschätzen.

Wenn die Höllenrichter*innen bemerken, dass das Publikum als Ganzes das Interesse am Geschehen auf der Bühne verliert, drücken sie einen Knopf, der vor den regulären Richter*innen – unbemerkt vom Publikum – ein kleines rotes Licht aufleuchten lässt. Wenn dieses Signal aufleuchtet, ist das ein starkes Zeichen dafür, dass die Richter*innen die Rettungshupe einsetzen sollten.
Das Signal der Höllenrichter*innen kann die Richter*innen darin verbessern, zu erkennen, ob ihre Impulse mit der Stimmung des Publikums übereinstimmen und es gibt ihnen im Fall von Unsicherheit die „Erlaubnis", die Rettungshupe zu benutzen.

DIE RETTUNGSHUPE

Die Rettungshupe, von vielen auch „Warnung wegen Langeweile" genannt, ist eines der wichtigsten Elemente in Keith Johnstones *Theatersport*. Sie bietet Hilfe für Spieler*innen, die in Schwierigkeiten sind.

Stellt euch vor: Ihr seid auf der Bühne, das Herz pocht, die Szene entwickelt sich erbärmlich und eure Teammitglieder an der Seite halten sich die Augen zu, weil sie das sinkende Schiff, auf dem ihr euch befindet, nicht mitansehen können. Wenn wir nach den alten Regeln des Theaters spielen, dann wird sich die Szene hinziehen und irgendwann enden. Das Publikum wird höflich applaudieren und ihr werdet von der Bühne schleichen, wissend, dass dieser Auftritt im besten Fall schwach war. Aber ... das hier ist *Theatersport*, nicht konventionelles Theater. Die Rettungshupe ertönt, wenn eine Szene langweilig ist oder in Schwierigkeiten steckt und die Spieler*innen unglücklich aussehen.

Wenn die Rettungshupe ertönt, können die Spieler*innen ohne Blamage die Bühne verlassen, da die Richter*innen die Schuld auf sich nehmen, indem sie „gemein" erscheinen. Die Rettungshupe gibt euch die Möglichkeit, unbeschadet den nächsten Versuch zu unternehmen.

Szenen können sich hinziehen, genau wie im konventionellen Theater, aber alles Öde wird hier durch die „Warnung wegen Langeweile" (Rettungshupe) kurz gehalten, und wenn die Richter*innen eine Szene aushupen, die alle genießen, dann gibt es einen Massenaufstand.

Teatro a Molla – Bologna, Italien
Manuel Nibale

Die Rettungshupe schützt die Spieler*innen, indem sie ihnen erlaubt, Risiken einzugehen und neue Ideen auszuprobieren, wohl wissend, dass die Richter*innen – sollte die Umsetzung nicht funktionieren – ihnen helfen werden, die Bühne zu verlassen. Auch schützt sie das Publikum vor langweiligen Szenen und dem Anblick sich uninspiriert abmühender Spieler*innen. Wenn die Richter*innen eine Szene aushupen, die das Publikum gefesselt hat, dann darf es schreien und brüllen, was gewaltige Energien im Zuschauerraum freisetzt und das Ganze mehr zu einem Sportereignis macht, genauso, wie wenn eine Schiedsrichterin eine unfaire Entscheidung gegen eure Lieblingsmannschaft trifft.

Es kam vor, dass die Improspieler*innen schwache Richter*innen aufgefordert haben, die Rettungshupe einzusetzen. Sie hatten verstanden, dass diese nicht nur ihnen, sondern auch dem Publikum nützt. Wenn alle wissen, dass die Szene gerade nicht funktioniert, ist es am besten, ehrlich zu sein und darauf hinzuweisen. Wenn es uns gelingt, dies mit einer wohlwollenden Haltung umzusetzen, dann haben wir einen wesentlichen Aspekt von *Theatersport* internalisiert.

Die Zuschauer*innen sehen besondere Geschöpfe, die auch im Angesicht des Scheiterns noch lächeln und spielen können. Sie selbst wären dazu nicht in der Lage, aber weil die faszinierenden Spieler*innen diese beeindruckende Leistung zeigen, ist das Publikum selbst bei Misserfolgen gut unterhalten. Sie können sowohl den Erfolg als auch das Scheitern der Spieler*innen genießen, weil sie durch das gut gelaunte Auftreten die Erlaubnis dazu erhalten.

Wenn ein Team eine „Warnung wegen Langeweile" erhält, dann ist die Szene beendet und die Spieler*innen verlassen die Bühne. (Es ist also eigentlich keine „Warnung", sondern vielmehr der tatsächliche Szenenabbruch, aber es klingt weniger verletzend als wenn „laaaaangweilig" gerufen würde.)

Warnungen werden durch ein Signal der Rettungshupe gegeben, die alle Richter*innen um den Hals tragen. Bevor ich diese Rettungshupen gekauft hatte, wurden Warnungen durch eine Null-Punkte-Karte vergeben, aber es fühlt sich weniger nach Schule an, ausgehupt zu werden, als „ausgenullt". (Richter*innen können eine Szene auch beenden, indem sie das Licht herunterwinken, so wie das auch die Impro-Lichttechnikerin oder die anderen Teammitglieder machen können, wenn sie einen geeigneten Zeitpunkt erkennen.)

Selbst erfahrene Spieler*innen werden in der Hoffnung auf Inspiration immer weiterackern, auch wenn diese nie kommen wird. Unsere Spieler*innen stürmten manchmal nach einer schlechten Show von der Bühne und riefen: „Wo waren die Langeweile-Warnungen, als wir sie gebraucht hätten?" (Als ob es verboten wäre, langweilige Szenen selbstständig zu beenden.)

Anderseits gibt es auch manchmal Spieler*innen, die es derart genießen, im Zentrum der Aufmerksamkeit zu stehen, dass sie sich nicht darum scheren, ob sie öde sind. Ich hörte einmal jemanden sagen: „Ich bin Perfomer – warum sollte ich mich darum kümmern, was das Publikum denkt?" (Was bei mir wiederum Fragen über sein Sexleben aufkommen ließ.)

Solche Spieler*innen werden sich beschweren, dass die Warnung gegeben wurde (oder das Licht heruntergefahren wurde), bevor die Leute das Interesse verloren hatten. Aber könnte es einen besseren Augenblick geben? Die Zuschauer*innen werden wütend aufschreien, wenn eine Szene ungerechtfertigterweise ausgehupt wurde, und es wird sie und die Spieler*innen gegen die Richter*innen vereinen (was gut ist!). Und dennoch werden selbstbezogene Spieler*innen sich über diese „Ungerechtigkeit" ärgern.

„Keine Richterin kann immer richtig liegen", sage ich. „Und *Theatersport* ist keine Schule, wo das Ansehen tatsächlich von korrekten Benotungen abhängt. Außerdem seid ihr nicht während eines Schneesturms in der Tundra ausgesetzt worden."
„Aber siehst du denn nicht, welch deprimierende Wirkung die Warnung auf das Publikum hat?"
„Die hat sie nur, wenn die Spieler*innen sich davonschleichen wie geprügelte Hunde, aber es ist herzerfrischend, Improspieler*innen zu sehen, die von der Bühne geworfen werden und immer noch gutgelaunt sind. Wenn ihr perfekt erscheinen wollt, warum dann überhaupt improvisieren?"
Die Warnungen können brutal wirken, wenn mit ihnen ungeschickt umgegangen wird. Aber bei richtigem Einsatz schaffen sie eine positive, wohlwollende Stimmung.

Die Warnung annehmen
Es gibt mindestens eine Gruppe, die die Warnung abgeschwächt hat, indem sie behauptet, die Hupe bedeute lediglich, „dass die Spielenden es versäumt hätten, ein passendes Ende zu finden." Aber das widerspricht dem Wesen von Sport. Die Zuschauer*innen möchten sehen, wie Boxer*innen mit einem Knock-Out zu Boden gehen, wie sich Schnellboote überschlagen und eben auch, wie Improspieler*innen mitgeteilt wird, dass ihre Szene gescheitert ist. Langweilig bedeutet langweilig und viele Szenen sind schon nach 20 Sekunden langweilig (weil schon hoffnungslos unsinnig).
Anstatt zu lernen, wie sie mit der Ablehnung auf humorvolle Art umgehen können – das würde 5 Minuten kosten – schaffen viele Gruppen die Warnung ab.

Eine weitere unbefriedigende Lösung besteht darin, für alle Szenen Zeitbegrenzungen einzuführen, bis hin zu Längen von nur ein oder zwei Minuten („unbefriedigend", weil Spieler*innen lernen sollten, von sich aus Szenen zu beenden). Ich habe auch schon davon gehört, dass *Theatersport* mit dem Slogan „Keine Szene über 90 Sekunden" beworben wurde, was womöglich sinnvoll wäre, wenn der ganze Abend lediglich 15 Minuten dauern würde. Aber warum sollten wir Szenen abbrechen, die kraftvoll sind und Energie haben? Vielleicht war die 90-Sekunden-Regel ein reiner Akt der Verzweiflung, weil schwache Richter*innen langweilige Szenen sich sinnlos hinziehen ließen.

In unseren Anfangstagen waren wir so um die Gefühle der Spieler*innen besorgt, dass ein Team bis zur dritten Warnung auf der Bühne bleiben durfte und alle Verwarnungen einstimmig erteilt werden mussten. Dann warfen wir die Teams bei der zweiten Warnung von der Bühne. Schließlich, nach langem, schmerzvollem Ringen, kamen wir zu der Entscheidung, dass Gerechtigkeit weniger wichtig ist als schlechte Szenen von der Bühne zu bekommen, und wir beschlossen, dass eine Richterin ausreicht, um eine Szene zu jedem beliebigen Zeitpunkt (ohne Rücksprache) zu beenden. Aber selbst dann durften manchmal lahme Szenen weitergeführt werden, während die gelangweilten Richter*innen an ihren Rettungshupen spielten und zögerten, „die Tat zu vollbringen".
Heutzutage können die sogenannten „Höllenrichter*innen" (andere Improspieler*innen, die vom Publikum unerkannt hinten im Zuschauer-

raum sitzen, siehe S. 37 und *Impro for Storytellers*, S. 324/ *Theaterspiele*, S.472) einen Knopf drücken, wenn sie gelangweilt sind. Das bringt ein rotes „Höllenlicht" sowohl zu Füßen der Richter*innen als auch bei der Impro-Lichttechnikerin zum Leuchten.

Ich hätte auch deutlich diskretere Wege erfinden können, um Improspieler*innen von der Bühne zu bekommen – wie in „Comedy Lounges", wo Comedians gehen müssen, sobald ein spezielles Bild hinter der Bar beleuchtet wird – aber ich wollte, dass die Warnungen offensichtlich sind, denn ich hatte ein Publikum satt, das Theater „zu schätzen weiß" und Sachen sagt wie „Ich fand es durchaus passabel", als würden sie über ein verdächtiges Ei diskutieren.

Dieser Ansatz ist in der Tat ziemlich ausgeklügelt und anspruchsvoll. Improtrainer*innen, die selbst unzulänglich ausgebildet wurden, erkennen immer wieder den springenden Punkt nicht. Sie haben gelernt, Misserfolge zu vermeiden, anstatt sie einzubinden und mit ihnen auf gesunde Weise umzugehen. Es überrascht vielleicht nicht, dass es jungen Menschen leichter fällt als vielen Erwachsenen, mit der Rettungshupe, dem Strafkorb und dem Scheitern im Allgemeinen klarzukommen.

Keith Johnstone – *Impro for Storytellers*, S. 11 (vgl. *Theaterspiele*, S. 64)

Wenn ein Team von der Bühne gehupt wird, ist es wichtig, darauf zu achten, dass eine positive Haltung bewahrt wird. Klassische Schauspieler*innen werden sehr wahrscheinlich dazu neigen, mit Unmut oder Verärgerung zu reagieren, aber so ein Verhalten schätzt niemand und man will so jemanden nach dem Match auch nicht zu sich nach Hause einladen.

Praxisübung: Glücklich Scheitern mit der Rettungshupe

Impro Melbourne – Australien ◲ Mark Gambino

»   Für den Umgang mit der Rettungshupe habe ich mir diese kleine Übung ausgedacht: Ich bitte drei Personen, Richter*innen zu sein, und die anderen, auf eine Bühnenseite zu gehen. Ich sage: „Ihr kommt gleich paarweise auf die Bühne und spielt eine Szene. An einem willkürlichen Punkt wird die Szene ausgehupt. Laßt uns üben, die Rettungshupe mit einer spielerischen, zustimmenden Haltung aufzunehmen. Freut euch, wenn ihr sie hört. Wenn ihr ein bisschen verärgert (oder erschrocken oder genervt) ausseht, bekommt ihr einen weiteren Versuch bzw. so viele wie nötig sind. Denn wir nehmen manchmal unsere eigene Körpersprache und Mimik – und wie diese auf das Publikum wirkt – gar nicht wahr." Dann setze ich mich hinter die drei Richter*innen und ich tippe sie (einzeln oder gleichzeitig) an, um ihnen zu helfen, die Szenen zufällig und spielerisch auszuhupen. Ich suche nach Momenten, in denen die Spieler*innen am wenigsten damit rechnen, denn dann zeigen sie eine wirklich ehrliche Reaktion. Ich lasse einige Szenen lange laufen, hupe andere bereits aus, wenn die Spieler*innen die Bühne betreten, und manche Szenen lasse ich sich so lange hinziehen, dass die Spieler*innen sich wünschen, es würde endlich gehupt werden.
Wenn die drei Richter*innen gute Arbeit leisten, unterbreche ich sie nicht. Ich bin da, um Druck von ihnen zu nehmen und sie zu unterstützen.
Oft wird den Spieler*innen deutlich bewusst, ob die Rettungshupe auf eine positive, spielerische Art angenommen wird oder auf eine negative, und wie groß der Unterschied ist. Sie lernen auch, dass das Aushupen einer Szene nicht immer einfach ist, und sie gewinnen mehr Verständnis für die Richter*innen.
Dann gebe ich langsam die Willkürlichkeit auf und suche nach den Momenten, in denen die Hupe zum Schutz der Spieler*innen eingesetzt wird.
Das Spiel „Ein Wort auf einmal" mit dem Ausruf „Nochmal!" (um neu anzufangen, wenn ein Fehler gemacht wurde) ist ein schöner Einstieg in die beschriebene Übung. «   Patti Stiles

DER STRAFKORB

Die Richter*innen können Spieler*innen bestrafen, indem sie diese kurz mit einem Korb über dem Kopf für zwei Minuten außer Gefecht setzen (üblicherweise in einem halbdunklen Bereich, wo sie vom Publikum bei Interesse noch gesehen werden können, aber nicht vom Bühnengeschehen ablenken). Obwohl die Strafe rein symbolischer Natur ist, trägt sie zur Scheinautorität der Richter*innen und zur Wettkampfinszenierung bei. Außerdem unterstützt der Korb die Spieler*innen, indem er ihnen erlaubt, ihrer Kreativität ohne Selbstzensur freien Lauf zu lassen. Sollten sie etwas sagen oder tun, das als geschmacklos angesehen werden könnte, werden sie bestraft. Durch das Verhängen der Strafe wird dem Publikum das Gefühl vermittelt, dass Ausfälligkeiten nicht geduldet werden und so entsteht keine unbehagliche Stimmung.

Der Strafkorb wird in der Regel an Spieler*innen vergeben, die außerhalb des Kontextes der Szene „ausfallend, beleidigend oder vulgär" sind. Die Richter*innen legen diese Richtlinien oft der konkreten Situation entsprechend aus. Zum Beispiel würde jemand, der sich wiederholt auf Kosten der Richter*innen danebenbenimmt,

einen Strafkorb erhalten. In einem außergewöhnlichen Fall hat sogar schon mal eine Zuschauerin einen Korb für eine Äußerung verhängt bekommen. In der Tat hatte eine andere Zuschauerin danach verlangt, ihr den Korb zu geben! Das Ganze ereignete sich auf eine nette Weise und trug zum Gesamterlebnis des Abends bei.

Oft wird das Publikum dazu eingeladen, selbst nach dem Strafkorb zu rufen. Die Zuschauer*innen mögen das und es trägt zu ihrer direkten Beteiligung bei. Wenn dies in der Aufführung gemacht wird, sollte deutlich gesagt werden, dass der Ruf nach dem Strafkorb erst kommen soll, nachdem die Szene beendet wurde.

Manche Gruppen animieren ihr Publikum, während der Szenen reinzurufen und mit Sachen zu werfen. Das ermuntert zum Quatschmachen und die Chance, dass unter solchen Umständen etwas Wertvolles entstehen kann, geht gegen Null. Die Aufmerksamkeit wird dadurch größtenteils von den eigentlichen Szenen auf die Showstruktur abgelenkt. Auch kann es gefährlich sein, Gegenstände auf die Spieler*innen zu werfen, da diese vom Scheinwerferlicht geblendet werden und die auf sie zufliegenden Geschosse womöglich nicht sehen.

Theater Anundpfirsich
Zürich, Schweiz 📷 Mike Hamm

PUNKTEVERGABE UND PUNKTETAFELN

In einem Herausforderungsmatch hat jede Richterin fünf große Karten (ungefähr kniehoch – groß genug, um im gesamten Zuschauerraum gut gesehen zu werden). Auf jeder Karte ist eine einzelne große Zahl abgebildet. Die Karten sind auf beiden Seiten nummeriert von Eins bis Fünf.

Direkt im Anschluss an eine Szene halten die Richter*innen ihre Punktekarten sichtbar für das Publikum

und auch für alle auf der Bühne (insbesondere für die Kommentatorin) hoch. Die einzelnen Punkte werden zusammengerechnet und auf der Punktetafel notiert.

Das Theater des Jetzts.
**Dan O'Connor, LA Theatresports™
Los Angeles, USA**

Keith Johnstone – *Impro for Storytellers*, S. 10 (vgl. *Theaterspiele*, S. 55)

Theater Anundpfirsich – Zürich, Schweiz
📷 Theater Anundpfirsich

Angenommen, die Erdferkel haben eine wirklich uninspirierte Szene gespielt. „Sind die Richter*innen bereit für die Punktevergabe?" Alle Richter*innen halten eine Punktekarte mit einem Punkt (1) nach oben.
„Aber, wenn diese Szene nur einen Punkt wert war, warum haben wir sie dann angeschaut? Hupt langweilige Spieler*innen von der Bühne. Lasst sie nicht weiter belangloses Zeug aneinanderreihen."

Auch wenn die Szene durch die Hupe beendet wurde, wird sie dennoch von den Richter*innen bewertet. Das gibt den Zuschauer*innen eine weitere Möglichkeit, ihre Empörung herauszurufen, wenn sie das Urteil der Richter*innen nicht teilen, genauso wie sie auch aufgefordert sind, ihre Begeisterung kundzutun, wenn „ihr" Team eine Topwertung bekommt.

Im Falle einer Eins-zu-Eins-(Team-)Herausforderung heben alle Richter*innen einen Arm mit in die Luft ausgestrecktem Zeigefinger in die Höhe. Dann zeigen sie gleichzeitig auf die Person bzw. das Team, das ihrer Ansicht nach die Herausforderung gewonnen hat.

Bei einem „dänischen Match" müssen die Zuschauer*innen nach jeder Runde für das Team schreien, das ihnen am besten gefallen hat. Nachdem beide Teams eine Szene zu der jeweiligen Herausforderung gespielt haben, bittet die Spielleiterin die Zuschauer*innen, den Namen des Teams zu rufen, das ihnen besser gefallen hat. Das siegreiche Team erhält fünf Punkte.

Ich bitte die Richter*innen, sich vorzustellen, dass die Fat Cats eine gute Szene gespielt haben. Alle drei halten ihre Drei-Punktekarte hoch. „Aber wenn es gut lief – warum nicht ein paar Vierer? Man sollte als Richter*in keine Angst davor haben, für hohe Wertungen kritisiert zu werden!"

FAIRNESS

Rund um den Globus gibt es Gruppen, bei denen die Richter*innen oft versuchen, die Szenen so zu bewerten, dass die Punkte „ausgeglichen" sind. Die Idee, dass Teams unabhängig von der Qualität ihrer Improvisation gleich viele Punkte erhalten sollten, steht im kompletten Widerspruch zur Idee, dass beim Improvisieren Ehrlichkeit eine zentrale Rolle spielt.

Zudem bemerken es die Zuschauer*innen, wenn die Richter*innen künstlich versuchen, über die Punktevergabe Dramatik zu kreieren und fühlen sich manipuliert. Sieht das Publikum ein überragendes Team gegen eine Mannschaft, die den ganzen Abend kämpfen musste, unentschieden spielen, fühlt es sich betrogen. Auch werden die Improspieler*innen wahrscheinlich innerlich Scham verspüren, wenn sie gegen ein eigentlich stärkeres Team einen Gleichstand erreichen oder – noch schlimmer – gewinnen.

Es geht nicht darum, alles „fair und ausgewogen" zu halten. Es ist wichtiger, dass die die Spieler*innen darin trainiert werden, eine positive Geisteshaltung zu wahren und mit Misserfolgen oder Niederlagen (und ebenso mit Erfolgen und Siegen) richtig umzugehen.

HERAUSFORDERUNGEN

Theater Anundpfirsich – Zürich, Schweiz
📷 *Theater Anundpfirsich*

➲ **TIPP** Keith ermuntert dazu, einfach und effizient zu sein. Trainiert, zwischen den Szenen und Games so wenige erklärende Worte wie möglich zu verlieren und zügig mit der eigentlichen Improvisation weiter zu machen.

Es wird viel darüber diskutiert, was eine gute Herausforderung ausmacht und welche Herausforderungen einer Show am besten dienen. Dabei sollte man daran denken, dass es beim *Theatersport* um Abwechslungsreichtum geht. Wenn jede Szene gleich lang ist und eine ähnliche emotionale Qualität hat, würden die Aufführungen nicht Woche für Woche ein Publikum anziehen. Keiths Vorschlag hierzu:

Viele Teams fordern nur zu Games heraus (und immer wieder zu den gleichen); dabei bleiben Spieler*innen durch unerwartete oder noch nie dagewesene Herausforderungen aufmerksam. Es ist daher gut, neuartige Herausforderungen zu stellen, bspw. zu einem Wettbuchstabieren oder zur überzeugendsten Verkörperung einer Berühmtheit oder zur besten Szene mit jemandem aus dem Publikum oder zur besten Szene, bei der das andere Team Regie führt. Geht Risiken ein! Herausforderungen, die dumm oder unverständlich sind oder bei denen man das Gefühl hat, dass sie wiederholen, was schon da war, sollten immer abgelehnt werden (nach Ermessen der Richter*innen, die das letzte Wort haben).

Ein Team kann sagen: „Wir lehnen ab." und die Richter*innen können nach der Begründung fragen. Danach sagen sie: „Abgelehnt" oder: „Stattgegeben!"

Manche Gruppen wollen Herausforderungen verbieten, die „immer scheitern." Es gab einmal den Versuch, gegen „Sagte er/sagte sie" ein Veto einzulegen. Aber wenn wir jedes Spiel vermeiden würden, das eine Gruppe nicht mag, würden die schwierigen nie gemeistert werden. Das Problem sind nicht die Games, sondern schwache Richter*innen, die uninspirierte, zähe Szenen weiterlaufen lassen. Wenn die Spieler*innen langweilig sind (was der Fall sein wird, wenn sie in einem Spiel versagen), ist es Zeit, sie von der Bühne zu werfen.

Richtig gute Teams brainstormen gemeinsam neue Herausforderungen, zum Beispiel: das beste einminütige Hörspiel, das im Dunkeln gespielt wird (das gibt unseren Zuschauer*innen die Möglichkeit zu kuscheln), die beste Szene mit einem Objekt, das von der anderen Mannschaft ausgewählt wurde (bei den Olympischen Spielen bot Calgary hierfür eine lebendige Ziege an), die beste Szene mit einer Freiwilligen aus dem Publikum (für Anfänger*innen tabu, da Freiwillige feinfühlig und großherzig behandelt werden müssen, was ein gewisses Können voraussetzt), die beste Umsetzung einer Sage oder Legende (mit einer Freiwilligen aus dem Publikum als positive Protagonistin), die beste Liebesszene mit einem tragischen Ende, die beste Entschuldigung, die beste Lüge, die beste Enthüllung einer Ungerechtigkeit, die beste Rache, die beste Flucht, die Szene, in der das meiste Mitgefühl hervorgerufen wird, der beste Einsatz des anderen Teams (z. B. als gefräßiger, bedrohlich wachsender Protoplasmaklecks in einem Science-Fiction-Film, als Möbelstück, als Bowlingkugeln), die ernsthafteste, positivste, wahrhaftigste, romantischste, schrecklichste oder langweiligste Szene (bei den Olympischen Spielen präsentierte das dänische Team ein unvergessliches „langweiligstes Vollziehen einer Eheschließung"), eine familiäre Beziehung, eine Szene mit Pathos und so weiter.

Wenn Teams richtig gut zusammenarbeiten, setzen sie sich selbst gelegentlich übergeordnete Ziele, wie in jeder Szene jemanden aus dem Publikum zu integrieren oder jede Szene auf Kauderwelsch zu spielen. Wenn Teams immer nur zu Games fordern (und dann auch noch jede Woche zu den gleichen), dann ist das so monoton, wie wenn Suppe auf Suppe auf Suppe folgt.

Games dienen dazu, Kontraste zu schaffen, und sollten hier und da zwischen Geschichten oder zwischen Herausforderungen wie zur „besten religiösen Szene" oder zur „psychotischsten Szene" oder was auch immer eingestreut werden.

Abwechslungsreichtum ist wichtig: Im Eifer des Gefechts, aus dem Moment heraus entstehen wunderbare Herausforderungen. Aber wenn dann die Inspiration versagt, ähnelt jede Herausforderung schnell der vorherigen. Auf eine Szene, in der jemand eine Anstellung sucht, folgt eine weitere Szene, in der jemand eine Anstellung sucht. Einige Gruppen versuchen, dieses Problem zu lösen, indem sie vage Herausforderungen stellen, z.B.: „Wir fordern euch zu einer Szene heraus, die körperliche Geschicklichkeit erfordert", aber dann entfernt sich *Theatersport* weiter vom Sport (weil die Teams schlechter miteinander verglichen werden können).

Ein *Theatersport* Team am Loose Moose, das „Audience-Team", vermied solche Probleme, indem es in gespielter Panik „Das Buch!

Das Buch!" schrie und die Spieler*innen losrannten, um in ihrem Buch nachzuschlagen, in dem sie mögliche Herausforderungen notiert hatten. Wenn man ein solches Buch erstellt, kann man in eine Spalte verbale Herausforderungen schreiben, körperliche Herausforderungen in die nächste, dann Solo-Herausforderungen usw.

Dauer der Herausforderungen: Manche Gruppen gehen davon aus, dass jede Szene sechs Minuten (oder wie lang auch immer) dauert, aber das schmälert die Vielfalt des Abends. Andere gehen davon aus, dass eine Szene, die eine Viertelstunde dauert, besser ist als eine, die dreißig Sekunden dauert. Ich habe *Theatersport*-Matches gesehen, in denen es keine einzige Szene gab, mit der die Darsteller*innen zufrieden waren und doch kämpften sie darum, dass jede Szene mindestens sechs Minuten dauerte. Es wäre besser gewesen zu sagen: „Das ist Müll! Können wir noch mal anfangen?"

Die „Ankündigungs-Falle": Macht euch das Leben nicht schwerer, indem ihr ankündigt, was passieren wird, wenn es nicht wirklich notwendig ist. Wenn zum Beispiel die Kommentatorin sagt:
„Und jetzt kommt die letzte Herausforderung" und die Szenen sind langweilig, wird es für die Richter*innen schwierig, eine weitere Herausforderung hinzuzufügen. Ein weiteres Beispiel: Eine Mitspielerin hat als „Impro-Regisseurin" eine dramatische Szene angelegt und dann mit der Aufforderung: „Ihr könnt nur Dreiwortsätze verwenden" zu viele Regieanweisungen gegeben.
Es wäre besser gewesen, diese Anweisung im späteren Verlauf der Szene einzustreuen – falls nötig.

Ablehnen von Herausforderungen: Ein Team kann (mit dem Einverständnis der Richter*innen) eine Herausforderung ablehnen. Solche Weigerungen sorgen für Abwechslung und geben den Zuschauer*innen Diskussionsstoff für den Nachhauseweg. Typische Begründungen : „Wir wollen diese Herausforderung mit der Begründung ablehnen, dass alle von dem Thema genug haben!" Oder: „Wir finden, dass die Herausforderung zu vage ist". Oder: „Wir lehnen ab, es sei denn, die anderen können uns verständlich machen, was sie meinen!" Oder: „Wir hatten schon zwei gereimte Szenen. Gibt es hier wirklich jemanden, der möchte, dass nun zwei gesungene Szenen folgen?"

Wenn einer Ablehnung stattgegeben wurde, dann muss eine neue Herausforderung gestellt werden. Sollte diese sich auch als unannehmbar erweisen, dann müssen die Richter*innen selbst eine Herausforderung formulieren.

Die Richter*innen können ebenfalls Herausforderungen ablehnen. Sie können sagen: „Wir weisen dieses Spiel zurück!"
(und begründen, warum); oder sie können Hinweise fallen lassen, wie: „Sollte diese Herausforderung abgelehnt werden, werden wir das mit Freuden unterstützen!"

Ablehnungen sollten niemals automatisch akzeptiert werden. Z.B.: „Wir fordern euch zu der besten Szene heraus, in der ein Bart vorkommt." – „Wir lehnen die Herausforderung ab!" – „Mit welcher Begründung?" – „Mit der Begründung, dass die anderen Bärte haben und wir nicht!" – „Abgelehnt!"
Richtig! Denn schließlich kann ein glattrasiertes Team kurzerhand mit Hilfe von Perücken falsche Bärte kreieren, oder eine Wissenschaftlerin könnte in der Szene ein Haarwuchsmittel erfinden, das so wirkungsvoll ist, dass das SEK sich den Weg zu ihr frei rasieren muss.

Als einmal drei Spieler*innen eines Teams mit Strafkörben auf dem Kopf an der Seite saßen (was selten vorkommt), lehnte die vierte Spielerin die Herausforderung zur „besten Hackordnung mit vier Personen" ab.
Dies wurde mit der Begründung abgewiesen, dass das Publikum erfreut wäre, zu sehen, wie eine Person vier verschiedene Charaktere spielt (oder sich drei Freiwillige aus dem Publikum dazu holt).

Spieler*innen, die kooperativ sein wollen, lassen sich auf Szenen ein, an denen sie (oder wir) nicht das geringste Interesse haben. Es ist jedoch besser, Herausforderungen abzulehnen als gemeinschaftlich die Selbstzerstörung herbeizuführen.

PREISE UND AUSZEICHNUNGEN

Wenn man *Theatersport*-Events veranstaltet, sollte man sehr vorsichtig mit der Vergabe von Preisen und Auszeichnungen für die Gewinnerteams sein. Ursprünglich wurden auf *Theatersport*-Festivals Trophäen überreicht, die aus Fundstücken aus dem Theaterfundus und ähnlichem gestaltet wurden.

Keith ist der Auffassung, dass die Preise in jeder Hinsicht wertlos sein sollten und keinesfalls den instinktiven Drang verstärken dürfen, den Wettkampf real werden zu lassen. Er forderte schon mal Teilnehmer*innen eines Festivals auf, dass sie alle zu Hause in ihren Stammspielstätten den Sieg ihrer Gruppe verkünden sollen und dass das gastgebende Theater diese Behauptung immer bestätigen soll, wenn die Presse aus den unterschiedlichen Städten nachfragt.

Das Entscheidende bei den Aufführungen ist, dass alle gut zusammenarbeiten und sich gegenseitig inspirieren, um so Abende zu schaffen, an die sich das Publikum erinnern wird. Sobald Preise ins Spiel kommen, befördern diese einen tatsächlichen Wettkampf und wirken so einer positiven, offenen Herangehensweise sowie der Zusammenarbeit entgegen.

Eine Geschichte aus Norwegen

 **D**as nationale Improvisationstheaterfestival in Norwegen hatte den Anspruch, das beste junge Improteam des Landes zu küren und vergab an die Gewinner*innen Stipendien im Wert von etwa 1000 Dollar. Über Jahre war das Festival für seine uninspirierten Aufführungen und seinen schlechten Spirit bekannt. Die Teams nahmen den Wettkampf ernst und eine offene, positive Haltung zeigte sich selten.

Heutzutage hat das Festival einen ganz anderen Charakter. Es werden immer noch Stipendien vergeben, aber die Jury arbeitet heute mit anderen Kriterien. Jetzt achtet sie darauf, wer während der Matches andere unterstützt und auf die Zusammenarbeit zwischen den Gruppen sowie darauf, woher die Gruppen stammen und wer am meisten von dem Geld profitieren würde. Manchmal wird der Preis auch zwischen förderungswürdigen Spieler*innen oder Gruppen aufgeteilt. Helena Abrahamsen, Oslo, Norwegen

Steife Brise – Hamburg, Deutschland
Klaus Friese

*Neue Bühne Senftenberg
Senftenberg, Deutschland*
Steffen Rasche

KEITHS RATSCHLAG

AUFS DETAIL KOMMT ES AN

Harlekin Theater – Tübingen, Deutschland
Hartmut Wimmer

Die Kunst, Darsteller*innen und Szenen dadurch zu unterstützen, dass der Aufführungsraum durch Requisiten, Möbel, Kostüme etc. bereichert wird, bezeichnet man als Szenografie. Auch an Spielorten, wo es keine guten Ausstattungsmöglichkeiten bzw. entsprechende Ausstatter*innen hinter der Bühne gibt, ist es ratsam, einige Handrequisiten, Hüte, Kostümteile, längliche Luftballons usw. für die Improspieler*innen zur Hand zu haben.

Hier sind einige Beispiele, wie Szenografie gewinnbringend eingesetzt werden kann:
· Wenn es die Szene verlangt, dann erschafft ein Wohnzimmer oder ein Büro (drei mit einem Tuch kaschierte Stühle sind ein Sofa, ein Karton bei Bedarf ein Tisch, etc.).
· Fügt Hintergrundfiguren hinzu, die eine Restaurantsituation oder eine archäologische Ausgrabungsstätte entstehen lassen.
· Lasst einen Menschen fliegen, indem ihr ihn einfach hochhebt.
· Verändert die äußere Perspektive einer Szene: Wenn ihr mit den Fingern ein winziges Dorf darstellt, das von Monstern niedergetrampelt werden kann, bereichert ihr die Erzählform.

Am Loose Moose Theatre gewann die Szenografie durch die Improspieler Tom Lamb und Shawn Kinley an Bedeutung, die, ausgehend von der technischen Anforderung, Möbel effizient auf die Bühne zu bringen, die Kunst entwickelten, mit einfachen, im Backstagebereich gefundenen Gegenständen wirkungsvolle Szenenbilder zu erschaffen. Shawn bemerkte hierzu: „Wir fühlten uns gut, wenn wir sahen, wie etwas, das wir anboten, die Inspiration der Improspieler*innen beflügelte."

Die Szenografie ist eine ausgezeichnete Lehrmeisterin für die Improvisation. Die Ausstatter*innen sollten immer auf der Suche nach Möglichkeiten sein, die Szenen und die Spieler*innen zu unterstützen und die Aufführung zu bereichern. Diese Fähigkeit ist für alle Improspieler*innen nützlich. Nicht jede Gruppe hat Zugang zu einem großen Requisitenfundus. Daher gibt es Workshops, in denen es darum geht, wie sich szenografische Ideen mit Hilfe der vorhandenen Möglichkeiten umsetzen lassen.

Hierzu ein paar Ideen:
„Szenografie aus dem Koffer": Ein einfacher Koffer oder Karton voller vielseitiger, zusammenklappbarer Gegenstände, kann so wirken, als ob ihr ein Zehnfaches an Requisiten dabei hättet. (Ein einfarbiger Stoff wird zu einem Umhang, einem Bildschirm, einem Fluss usw. Regenschirme werden zu Bäumen, Satellitenschüsseln usw.) Ihr braucht für so einen Koffer nicht viel Stauraum.
Entwickelt pantomimische Fähigkeiten und benutzt euren Körper, um die benötigten Gegenstände und Figuren darzustellen.
Es lohnt sich zu üben, mit den euch verfügbaren Ausstattungsmöglichkeiten neue Realitäten zu erschaffen.

Keith Johnstone – *Impro for Storytellers*, S. 5

Wann immer möglich, stelle ich für die Spieler*innen Tische voll mit irgendwelchem Zeug bereit – ein Golf-Cart, Betten und Bettzeug, Rollstühle, ein Boot, das über die Bühne „gerudert" werden kann und so weiter.

Auf unseren Tourneen mit der *Theatre Machine* plünderten wir regelmäßig den Requisitenfundus – und liehen uns z.B. in der Wiener Staatsoper den riesigen Käfig aus *Hänsel und Gretel* aus (um ihn dann nicht zu benutzen).

Szenenausstattungen werden von „Snoggers" [umgangssprachliche Kurzform von „Scenographers" = improvisierende Ausstatter*innen] bereitgestellt, die sich leise hinter der Bühne aufhalten und nur darauf warten, einen Strohballen in einer Westernszene über die Bühne rollen zu lassen oder einen Stuhl für eine Himmelsszene mit Glanzfolie zu überziehen. Sie klappen den Teppich zurück, um die abgeklebten Umrisse eines Körpers zum Vorschein zu bringen (und etablieren so einen Tatort) oder sie legen eine schwarzgestrichene Leiter auf den Bühnenboden, um Gleise darzustellen oder sie stellen sich an den Bühnenseiten rechts und links gegenüber und halten Körbe in die Luft, um eine Turnhalle zu etablieren. Manchmal werden auch Freiwillige aus dem Publikum zwangsverpflichtet: Einmal sah ich, wie 50 Leute auf die Bühne rannten, sich hinlegten und Sauggeräusche machten, während die Improvisierenden vorgaben, sie seien Entenjäger*innen, die durch einen Sumpf waten.

Nach Aufführungen gab Keith Feedback zur Aufführung („Kritik", wie es im Theaterjargon heißt). Solch ein Feedback ist eine wichtige Informationsquelle für die Spieler*innen sowohl über die Aufführung als Ganzes und die einzelnen Szenen als auch über ihre individuellen spielerischen Leistungen an diesem Abend. Themen können sein:

· Konnten die Spieler*innen akustisch gut verstanden werden?
· Gab es Abwechslung und Vielfalt oder haben wir drei Dating-Szenen hintereinander gesehen?
· Haben die Spieler*innen im beleuchteten Bereich gespielt? Wie war der Einsatz von Licht- und Tontechnik?
· Wurden die wesentlichen Versprechen der Plattform in der Szene gehalten und weiterentwickelt oder blieb die Szene stecken?
· Waren die Richter*innen beim Einsatz der Rettungshupe mutig genug?
· Behandelten die Spieler*innen Freiwillige aus dem Publikum gut? ... Und so weiter.

Probiert Folgendes:
· Setzt euch nach jeder Aufführung zusammen.
· Geht die Szenen anhand einer Liste durch und sprecht über die technischen Elemente der Show.
· Teilt euer kurzes Feedback mit, aber diskutiert nicht darüber.
· Lasst eine Person die Feedback-Runde leiten, die Erfolge und Misserfolge von einzelnen Spieler*innen benennen kann und die dabei die Entwicklung der Einzelnen und des gesamten Ensembles im Blick hat. Beispiel: Falls sich jemand auf der Bühne selbstgefällig verhält oder die Szenen kontrolliert, sollte dies im Feedback benannt werden. Ansonsten werden die Feedbackrunden zu einem bloßen Rückblick auf die Aufführung, ohne Fortschritte zu bewirken. Diese sinnvolle Art von Kritik wird in vielen *Theatersport*-Gruppen nicht praktiziert, wodurch sie möglicherweise in ihrer Entwicklung gebremst werden.

Euch muss klar sein, dass ihr bei der Kritik die Sichtweise einer Einzelperson auf die Aufführung hört. Das bedeutet, dass das Feedback nicht objektiv richtig oder falsch ist, sondern lediglich eine Einzelmeinung kundtut. Das Feedback sollte kurz, effizient und ohne Diskussion gegeben werden. Alle sollten sich auf das konzentrieren, was stattgefunden hat und nicht auf das, was eventuell beabsichtigt gewesen war. Anmerkungen sollten so formuliert werden, dass sie Informationen und Ansichten zur erfolgreichen bzw. gescheiterten Szenenarbeit beinhalten, anstatt jemanden zu beschuldigen oder bloßzustellen.

Nach einer zweistündigen Aufführung genügt eine viertelstündige Feedbackrunde.

Macht eine Person für die „Leitung" der Runde verantwortlich. Diese soll die Feedbackrunde auffordern, zum nächsten Punkt zu kommen, wenn es notwendig ist.

Diskutiert das Feedback überall und zu jeder Zeit – nur nicht während der Feedbackrunde. Das dauert zu lange und kann Frust und schlechte Stimmung verursachen.

Feedback empfangen

Manche Menschen reagieren zunächst so, als wäre ihr Ego zerstört worden. Sie begreifen jedoch schnell, dass das Feedback dazu da ist sowohl die Qualität der Aufführungen als auch ihre persönliche Entwicklung zu fördern.

Denkt daran: Das Feedback ist dazu gedacht, die zukünftigen Auftritte zu verbessern. Das Feedback bezieht sich nicht auf die Person, sondern auf ihre Auftritte in den einzelnen Szenen.

Zeichnung von Keith Johnstone

Stage Heroes – Singapur 📷 *Hyperfrontal Productions*

Teatro A Molla – Bologna, Italien 📷 *Gianluca Zaniboni*

SPIELEVERZEICHNIS

Manche Lehrer*innen, die das Format unterrichten, lassen sich möglicherweise dazu verleiten, den Spieler*innen beizubringen, dass die Games, also die einzelnen Spiele, *Theatersport* sind. Das ist weit von der Wahrheit entfernt. Der Zweck der Spiele ist es, Verhaltensweisen der Spieler*innen zu verändern, die dem Erfolg ihrer Szenenarbeit im Weg stehen.

Games können unterhaltsam sein und gleichzeitig dem Fortschritt der Spieler*innen dienen. Wenn eine Lektion Wirkung zeigt, ist es für die Spieler*innen leichter, die Sicherheit, die sie in der Struktur des Games empfinden, aufzugeben und mehr Risiko einzugehen.

Es gibt viele unterschiedliche Spiele und einige sind deutlich nützlicher als andere. Nützliche Spiele trainieren unterstützendes, wohlwollendes Verhalten sowie die Bereitschaft, Risiken einzugehen und Misserfolge zu begrüßen. Sie trainieren Techniken des Geschichtenerzählens. Weniger nützlich sind solche Spiele, die schlechte Angewohnheiten von Improspieler*innen befördern, wie die Entwicklung von Geschichten zu torpedieren oder nicht in Kontakt mit den anderen zu sein. Man sollte vorsichtig mit Spielen sein, die nur auf verbale oder intellektuelle Akrobatik zielen oder die verbissenen Wettkampf und schlechte Stimmung fördern. Das Publikum mag lachen – aber ihr solltet euch fragen, warum. Es ist wichtig zu überprüfen, ob wirklich alle Spieler*innen die einhergehenden Erfahrungen der einzelnen Spiele gerne machen.

Impro for Storytellers [dt. *Theaterspiele*, siehe auch Anmerkung zur Übersetzung, Seite 5] enthält Spiele und Übungen, die für die Entwicklung von Improvisations- und Geschichtenerzählfähigkeiten nützlich sind und den Spirit für *Theatersport* entwickeln.

Wir legen euch sehr ans Herz, dass ihr euch Keiths Bücher besorgt und die folgenden Übungen für Training und Auftritte ausprobiert:

· Geschenke *(Impro for Storytellers (IFS) S. 58/ Theaterspiele (TS) S. 90)* nur für Training
· Ein Wort auf einmal (Wort-für-Wort) *(IFS S. 138/ TS S. 211)*
· Was kommt als Nächstes? *(IFS S. 134/ TS S. 216)*
· Dreiwortsätze *(IFS S. 155/ TS S. 336)*
· Einwortsätze *(IFS S. 155/ TS S. 337)*
· Klau den Hut (Hut Spiel /Hat Game) *(IFS S. 156/ TS S. 245)*
· Grimassen schneiden *(IFS S. 162/ TS S. 254)*
· Lippensynchronisation (Synchro) *(IFS S. 171/ TS S. 275)*
· Das Stirb-Spiel *(IFS S. 183/ TS S. 313)*
· Ausstattungen *(IFS S. 185/ TS S. 313)*
· Errate die Redensart *(FS S. 187/ TS S. 321)*
· Das Kein-S-Spiel *(IFS S. 188/ TS S. 324)*
· Eine Szene ohne ... *(IFS S. 189/ TS S 327)*
· Szenen auf der Seite *(IFS S. 189/ TS S. 327)*
· Ja, aber *(IFS S. 190/ TS S. 329)* nur für Training
· Die Geste rechtfertigen *(IFS S. 193/ TS S. 176)* nur für Training
· Sagte er/sagte sie (Regieanweisungen) *(IFS S. 195/ TS S. 284)*
· Körper bewegen *(IFS S. 200/ TS S. 293)*
· Die Arme *(IFS S. 202/ TS S. 296)*
· Geräuschkulisse *(IFS S. 208/ TS S. 339)*
· Langweile das Publikum *(IFS S. 211)*
· Tapetenschauspiel *(IFS S. 212/ TS S. 427)*
· Kauderwelsch *(IFS S. 214/ TS S. 381)*
· Statusspiele *(IFS S. 219/ TS S. 354)*
· Party mit Eigenschaften *(IFS S. 233/ TS S. 374)*
· Das Königsspiel *(IFS S. 237/ TS S. 368)*
· Herr und Diener *(IFS S. 240/ TS S. 373)*
· Zeitlupe mit Kommentar *(IFS S. 241/ TS S. 434)*

Unexpected Productions – Seattle, USA

Viele Gruppen fangen an, Spiele zu verkomplizieren, sobald sie es geschafft haben, innerhalb der Regeln des jeweiligen Games besser zu werden. Letzten Endes wird so aus einem einfachen und eleganten Spiel, das Improspieler*innen hilft, ihre Fähigkeiten zu verbessern, eine komplizierte Aneinanderreihung von Aufgaben, die Tanzpudel ausführen müssen, während sie durch Reifen springen.
Shawn Kinley – Loose Moose Theatre, Calgary, Kanada

Courtyard Playhouse - Dubai, VAE Tiffany Schultz

ZUM ABSCHLUSS

Theatersport entstand aus der Sehnsucht nach einem leidenschaftlich mitgerissenen Theaterpublikum. Diese Vision war jedoch nie das Hauptziel. Als sich das Format entwickelte, wurde klar, dass das Leben und die Erfahrungen von uns und den Zuschauer*innen in den Szenen reflektiert werden müssen, damit sie einen bleibenden Wert haben. Freie Szenen müssen daher die Substanz einer *Theatersport*-Aufführung bilden.

Wenn *Theatersport* richtig gespielt wird, wird völlig klar, dass der Inhalt wichtiger ist als die Verpackung.

Gerade weil *Theatersport* den Charakter eines großen Mitmach-Rituals hat, sollten wir uns besonders bemühen, die Aufmerksamkeit auf den Kern der Geschichten zu richten, die inmitten der Fanfaren erzählt werden.

Die fröhliche Absurdität, *fiktive* Scheinteams in einer inszenierten Veranstaltung anzufeuern, kann durch ergreifende oder verstörende Szenen mit wahrhaftigen Emotionen wunderbar ausgeglichen werden.

Wenn die Stimmung wild und ausgelassen ist, bekommen die leisen Momente mehr Bedeutung. Wenn man die Zuschauer*innen zum Lachen bringt, dann birgt das die Chance, direkt ihre Herzen anzuspielen, sie zu Tränen zu rühren oder sie schlicht zum Zuhören zu bringen.

Harlekin Theater – Tübingen, Deutschland
📷 _Hartmut Wimmer_

Eine Geschichte aus Japan

An einem *Theatersport*-Wochenend-Workshop mit anschließender öffentlicher Aufführung nahmen Mitglieder mehrerer Gruppen aus dem ganzen Land teil. Die letzte Szene des Abends war ein „Eins-zu-Eins-Team"-Entscheidungsspiel. In vielen Ländern sind Spiele mit gereimten Szenen hierfür gut geeignet, im Japanischen hingegen gibt es diese Möglichkeit aufgrund der Grammatik nicht. Stattdessen wurde „die beste Szene in Haikus gesprochen" gespielt. Das Ergebnis war so schön und ergreifend, dass man hören konnte, wie das Publikum abwechselnd gerührt und begeistert reagierte. Die Spielenden selbst waren sichtlich bewegt und sogar diejenigen, die die Sprache nicht verstanden, spürten, dass sie etwas Einfachem, aber Großartigem beigewohnt hatten.
Steve Jarand

———— ✳ ————

Willkommen in der *ITI*-Community und viel Glück bei deinen Abenteuern mit *Theatersport*!

WEITERE INFORMATIONEN

Keith Johnstone: *Improvisation und Theater*, Alexander Verlag Berlin. (Engl.: *Impro*. Methuen)
Beschreibt den Ursprung des Improvisationstheaters sowie Techniken und Prinzipien u.a. von Kreativität, Spontaneität, Schauspiel und Maske, die auch über das Improtheater hinausgehen.

Keith Johnstone: *Theaterspiele*. Alexander Verlag Berlin. (Engl.: *Impro for Storytellers*. Faber and Faber)
Behandelt die Grundlagen und den Hintergrund von *Theatersport* und enthält hauptsächlich anwendungsorientierte Kapitel mit Erläuterungen zur Praxis. Auch gibt es Informationen zu weiteren Improtheater-Formaten und es werden viele Szenen/Spiele/Übungen erklärt.

ITI Newsletter: Monatliche Online-Veröffentlichung, um Artikel, Informationen und Erlebnisse auszutauschen. Eintragen könnt ihr euch auf:
impro.global/resources/join-the-newsletter
Impro.global: Hier findet ihr eine Liste empfohlener Lehrer*innen, Videos, Bücher Artikel, Leitfäden zu Formaten und Übersetzungen.
Im „Members only"-Bereich (Passwort geschützt) gibt es Zugang zu PDFs der Leitfäden und Keith Johnstones Newslettern. Es gibt einige die komplett dem *Theatersport* gewidmet sind.
Theatresports™ Handbook APP: auf iTunes erhältlich

Bei Fragen: office@theatresports.org
Oder impro.global/about-us/iti-humans

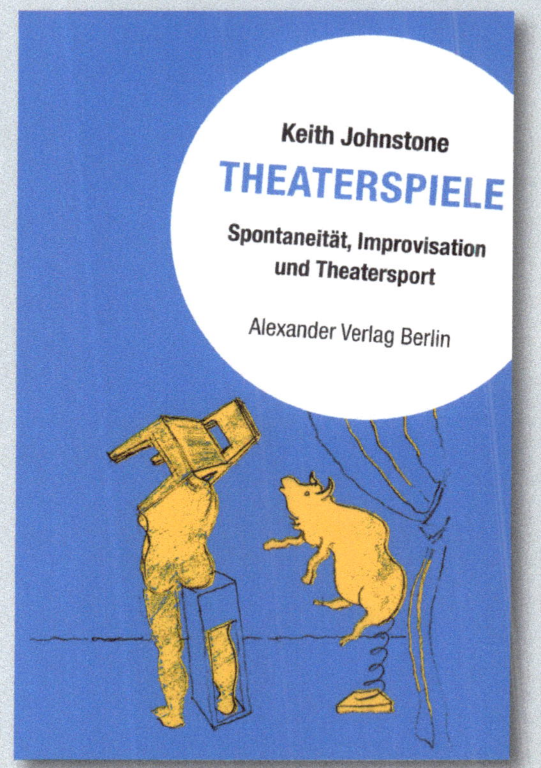

Keith Johnstone
THEATERSPIELE
Spontaneität, Improvisation und Theatersport
Durchgesehene und überarbeitete **11. Auflage!**
568 Seiten | 24,90 €
ISBN 978-3-89581-484-6

Keith Johnstone
IMPROVISATION UND THEATER
Mit einem Vorwort von Irving Wardle und
einem Nachwort von George Tabori
Durchgesehene und überarbeitete **14. Auflage!**
320 Seiten | 24,90 € | ISBN 978-3-89581-483-9

»Ich verbringe mein Leben damit, die Dinge gefährlich zu machen,
während die meisten Schauspieler um Sicherheit kämpfen.«
Keith Johnstone

Alexander Verlag Berlin   **www.alexander-verlag.com**

TheaterFilmLiteratur seit 1983